DEPRESIÓN EN ESTUDIANTES UNIVERSITARIOS

DEPRESIÓN EN ESTUDIANTES UNIVERSITARIOS

Una realidad indeseable

Dra. María Esther Barradas Alarcón

Número de Control de la Biblioteca del Congreso de EE. UU.:   2014904513
ISBN: Tapa Dura   978-1-4633-8046-5
                   Tapa Blanda   978-1-4633-8048-9
                   Libro Electrónico   978-1-4633-8047-2

Para realizar pedidos de este libro, contacte con:
Palibrio LLC
1663 Liberty Drive
Suite 200
Bloomington, IN 47403
Gratis desde EE. UU. al 877.407.5847
Gratis desde México al 01.800.288.2243
Gratis desde España al 900.866.949
Desde otro país al +1.812.671.9757
Fax: 01.812.355.1576
ventas@palibrio.com
609053

INDICE

INTRODUCCIÓN 9

CAPÍTULO I: DEPRESIÓN Y EPIDEMIOLOGÍA 11
  1.1 Depresión...11
  1.2 Epidemiología. 12

CAPÍTULO II: CRITERIOS DE DIAGNÓSTICO Y
CLASIFICACIÓN DE LA DEPRESIÓN 16
  2.1 Clasificación y Criterios de Diagnóstico (DSM IV-TR)............17
    2.1.1 La Clasificación de la Asociación Psiquiátrica
    Norteamericana (DSM IV-TR). 17
    2.1.2 Criterios de Diagnóstico del DSM-IV TR......................... 18
  2.2 Clasificación y Criterios de Diagnóstico (CIE 10). 22
    2.2.1 La Clasificación Internacional de las Enfermedades
    de la OMS versión 10 (CIE 10).................................... 22
  2.3 Clasificación de la Depresión de acuerdo al Origen. 26
    2.3.1 Clasificación Actual. 29

CAPÍTULO III: DIFERENTES TEORÍAS EXPLICATIVAS DEL
ORIGEN DE LA DEPRESIÓN..30
  3.1 Teorías Psicológicas...30
    3.1.1 Enfoque Psicodinámico... 31
    3.1.2 El Enfoque Cognitivo. 34
    3.1.3 Enfoque del Conductismo. 37
    3.1.4 Enfoque Gestáltico. 37
  3.2 Enfoque biológico. 40
  3.3 Enfoque Ecológico. 40
  3.4 Enfoque Social. 42

CAPÍTULO IV: FACTORES DE PROTECCIÓN Y RIESGO..........44
4.1 Factores de protección y riesgo. 44
4.1.1 Factores familiares y del entorno. 44
4.1.2 El alcoholismo familiar también se ha asociado a una
mayor probabilidad de depresión Bragado C,(1999)............. 45
4.2 Riesgos en relación con el entorno.............................46
4.3. Factores individuales...47
4.4 Factores de riesgo Biológicos...................................48
4.4.1 Genéticos.. 48
4.4.2. Bioquímicos.. 49
4.5 Factores psicológicos...50

CAPÍTULO V: INSTRUMENTOS QUE MIDEN
DEPRESIÓN E IDEAS SUICIDAS....................................52
5.1 Escala de Ideación Suicida elaborada por Beck........................52
5.2 SAD PERSONS Scale de Patterson y Cols. 58
5.3 Escala de Intencionalidad Suicida fue diseñada por Beck y cols 61
5.4 Escala de Evaluación para la Depresión de Hamilton
(Hamilton Depression Rating Scale, o HRSD)
(5 dimensiones). 67
5.5 Escala de Riesgo Suicida fue diseñada por Plutchik...................79
5.6 Cuestionario - CDI 82
5.7 Cuestionario de Goldberg o E.A.D. en la versiónespañola
(Escala de ansiedad y Depresión de Goldberg)........................87
5.8 Escala de Depresión de Calgary (Calgary Depresión Scale for
Schizophrenia, CDSS)...91
5.9 Escala de Birleson para trastorno Depresivo Mayor en
Niños y Adolescentes...96
5.10 Escala Autoaplicada de Depresión de Zung
(Self-Rating Depression Scale, SDS)................................98
5.11 Escala de Depresión del Test Multifásico de la
Personalidad MMPI-A. 103

CAPÍTULO VI: ALTERNATIVAS DE INTERVENCIÓN
EN LA DEPRESIÓN 109
6. Alternativas de intervención. 109
6.1 Intervención Psicológica. 110
6.1.1. Terapia cognitivo-conductual. 110
6.1.2. Técnicas cognitivas. 112

6.1.3. Técnicas Conductuales. 113
6.1.4 La terapia de autocontrol de Rhem para la depresión. 115
6.2 Intervención médica. 116

CAPÍTULO VII: DEPRESIÓN EN ESTUDIANTES
UNIVERSITARIOS 119
7.1. El estudiante y su contexto. 119
7.2 Rendimiento académico. 123
7.3 Cómo Identificar en el aula al estudiante con depresión. 127
7.4 Sugerencia para ayudar a los estudiantes identificados con
    depresión...129
7.5 Otras Alternativas que puede sugerir el profesor a
    su estudiante con depresión. 131
    7.5.1 Psicoterapia Interpersonal para la depresión 132

CAPÍTULO VIII: ESTUDIO EMPÍRICO: FACULTAD DE
PSICOLOGÍA Y FACULTAD DE ENFERMERÍA DE
UNIVERSIDAD VERACRUZANA 134
8.1 Construcción del Problema. 134
    8.1.1 Tema... 134
    8.1.2 Delimitación del Problema. 134
    8.1.3 Planteamiento del Problema. 134
    8.1.4. Preguntas de Investigación. 135
    8.1.5 Justificación. 136
    8.1.6 Limitaciones. 136
8.2 Base Epistémica. 136
    8.2.1 Objetivo General. 136
    8.2.2. Variable... 137
8.3 Metodología. 139
    8.3.1 Orientación Metodológica y Tipo de Estudio.................... 139
    8.3.2 Población. 139
    8.3.3 Instrumento de Acopio. 140
    8.3.4 Procedimiento. 141
8.4 Análisis de Datos y Resultados...............................142
8.5 Conclusiones..144

FUENTES 149
GLOSARIO..155
ANEXO...157

INTRODUCCIÓN

SI ALGO HA proliferado hoy en día a nivel mundial es la incidencia de depresión, presentándose indistintamente de la etapa de desarrollo que se esté viviendo, indistintamente de la ideología de clase que se tenga, indistintamente de la idiosincrasia y del nivel académico, así como del sexo que se tenga. Es un trastorno cuyas causas pueden ser diversas y complejas. La Organización Mundial de la Salud (OMS), al respecto en el año 2012, estimó que a nivel mundial hay 350 millones de personas que padecen depresión, y muchos millones mas de personas como familiares, amigos, compañeros de trabajo, están expuestos a los efectos indirectos de este trastorno afectivo, a nivel mundial que ha sido insuficientemente reconocido, señala además que se encuentra entre las principales causas generadoras de discapacidad. Este mismo organismo prevé que la depresión para el año 2020 se convertirá en la segunda causa de incapacidad a nivel mundial, después de las enfermedades isquémicas (infartos, insuficiencia coronaria, accidente cerebro vascular) comparado con el cuarto lugar que ocupaba en el año 2000. Y señala que entre los trastornos mentales en América Latina y el Caribe, la depresión es la más común (5%), seguida por el trastorno de ansiedad (3.4%), la distimia (1.7%), el trastorno obsesivo compulsivo (1.4%), el trastorno de pánico y psicosis no afectiva (1% cada una), y el trastorno bipolar (0.8%), entre otros. Es una enfermedad que está aquejando a unos 120 a 200 millones de adolescente y jóvenes es decir del 3% al 5% en todo el mundo estadísticas señaladas por la OMS (Baldomero, 2005). Dentro de los problemas psicológicos la depresión afecta las actividades diarias de quien la padezca, pues esta enfermedad se distingue por presentar una sensación de no servir para nada, tristeza, autoculpa, desánimo, sin esperanza alguna, a veces presenta además, alteraciones del sueño, y en el comer, abandono de su persona, sensación de no ser competentes para tomar iniciativa, entre otros. Con tristeza sabemos hoy que la depresión mayor se presenta desde etapas tempranas como la niñez o la adolescencia lo que hasta hace 30 años no ocurría. Cuando la depresión se inicia en estos estadios el pronóstico de que se presente a lo largo de la vida es mayor y de manera más grave, causando grandes estragos en los diferentes roles que el joven este ejerciendo y ejercerá. Esto mismo sé ha reportado en otros estudios y en diferentes países como los de Sandanger I (1999), Kessler RC, (2004), mencionan que la depresión mayor tiene una tendencia a presentarse por primera vez en etapas de desarrollo del ser humano más y más temprana. Sobre todo porque hay adolescente o jóvenes que no identifican que se encuentran con depresión ni aun quienes los rodean, pues se ha encontrado en la práctica privada que al hijo deprimido se le confunde con un hijo irresponsable, desobediente, "flojo", mediocres, complicando más el periodo depresivo con una mayor sensación de no importarle a nadie, de no ser comprendidos, favoreciendo se acentúen la de desesperanza, tristeza e inhibición psicomotriz.

De ahí que el propósito de este libro es dar a conocer lo determinante que es, que los profesores que dan clases en los diferentes niveles académicos, conozca, que es la depresión, sus causas, síntomas, consecuencias en el rendimiento académico y sobre todo las alternativas para detectarla en el aula y prevenir mayor afectación en los estudiantes.

Pues de acuerdo a las investigaciones al parecer cada día su presencia en el aula tiende a ser mayor.

DRA. MARÍA ESTHER BARRADAS ALARCÓN

CAPÍTULO I

DEPRESIÓN Y EPIDEMIOLOGÍA

1.1 Depresión.

SON DIFERENTES Y variados los síntomas y signos de la depresión así como su causa, razón por la cual no hay una única y exclusiva definición. A pesar de esto en términos generales se le considera como un estado mental mórbido caracterizado por lasitud, desaliento y fatigabilidad acompañado con frecuencia de ansiedad más o menos acentuada. La depresión definida desde sus raíces etimológicas proviene de latín *depressus*, que significa "abatido", "derribado". Es un trastorno emocional que se presenta como un estado de abatimiento e infelicidad que puede ser transitorio o permanente donde predominan los síntomas afectivos (tristeza patológica, decaimiento, irritabilidad, sensación subjetiva de malestar e impotencia frente a las exigencias de la vida) aunque, en mayor o menor grado, también están presentes síntomas de tipo cognitivo, volitivo o incluso somático.

Hollon y Beck (1979), definen la depresión como el síndrome en el que interactúan diversas modalidades: somática, afectiva, conductual y cognitiva. Considerando que las distorsiones cognitivas en el análisis y procesamiento de la información, son la causa principal del desorden a partir del cual se desatan los componentes restantes.

1.2 Epidemiología.

Algo en común que comparte el mundo entero es la incidencia tan alta del trastorno de depresión. La Organización Mundial de la Salud (OMS) considera a la depresión una tarea de salud pública con una proporción superior a la diabetes mellitus, a la artritis y es semejante al padecimiento coronario avanzado. Su prevalencia en el mundo entero se encuentra cerca de los 350 millones de personas que alguna vez han presentado algún episodio depresivo, Belló (2005). Afecta en promedio al 15 % de la población según menciona González-Forteza (2008), cifras que pueden no estar reflejando la realidad de su prevalencia ya que según señala Greden (2002), este trastorno es sub-diagnosticado y por lo tanto no tratado como tal, este mismo autor revela que un 70% de quienes padecen el trastorno no toman tratamiento correspondiente, la mitad de ellos en ningún momento solicitan ayuda y únicamente el 20-25% son bien diagnosticados y atendidos, sin embargo solo el 10% reciben el tratamiento oportuno e indicado. No debe de subestimarse sus consecuencias pues el 15% del porcentaje de las personas que la padecen tiende a suicidarse, aunque antes de lograrlo se presentan como 20 intentos de suicidio. Según Greden (2002) en el transcurso de la vida las probabilidades de padecer depresión son mayores en la mujer en un 21.3% en comparación de los hombres del 12.7%. Moussavi y otros, (2007), afirman que en una investigación realizada por la OMS con una población de 245,404 arrojó datos que indican que la depresión aumenta el detrimento de la salud, determinando que este trastorno en la población mundial ocupara el segundo lugar entre las causas de carga de enfermedad y el cuarto lugar en la perdida de la calidad de vida por la discapacidad que genera; así mismo, aseveran que la prevalencia global a nivel de los trastornos mentales es aproximadamente de 851 millones de personas(Pardo y cols., 2004 citado por González, de la cruz, & Martínez, 2007).

Tabla 8: Prevalencia de depresión mayor en diferentes países.

Pais	Prevalencia
Taiwan	1,5
Corea	2,9
Nueva Zelanda (Christchurch)	11,6
Canadá (Edmonto)	9,6
Estados Unidos **	5,2
Francia (Paris)	16,4
Alemania (Occidental)	9,2
Italia (Florencia)	12,4
El Líbano (Beirut)	19,0
Brasil	25
Chile	5,5
Rep Dominicana	11
Perú	11.7
Argentina,	15
Colombia	19,3
Francia	30
China	6,5

*   *Waissman M, Bland MB, Canino G, Faravelli C et al., Cross-National Epidemiology of Major Depression and Bipolar Disorder. JAMA 1996, 276: 293-299.*

** *La muestra de Estados Unidos fue obtenida del estudio ECA muy anterior y ha sido criticada por presentar algunos problemas metodológicos que llevan a bajas prevalencias del trastorno.*

México no se excluye de estas cifras tan altas que sobre depresión se tienen a nivel mundial, algunos estudios han demostrado que en México sufren depresión alrededor de 9 y 13 % de adultos, Medina-Mora (2003). Por su parte la Encuesta Nacional de Epidemiología Psiquiátrica (ENEP), en el 2003 obtuvo una prevalencia de depresión de un 8.4 % considerando los indicadores del Manual Diagnóstico y Estadístico de la Asociación Americana de Psiquiatría (DSM-IV, por sus siglas en inglés), que cuando menos un episodio de depresión mayor han presentado en algún en algún momento de su vida con un inicio promedio de 24 años de edad.

México es un país con un índice de población muy alta, el promedio aproximado es de 20.2 millones de jóvenes con un rango de edad entre los 15 a 24 años, de los cuales el 10.4 millones se encuentran en la etapa de la adolescencia correspondiente al 9.6% con edades entre los 15 a 19 años y 9.8 millones son adultos jóvenes con edades entre 20 y 24 años correspondiente a un 9.1 % de la población total de mexicanos. Con lo anterior, se está diciendo que aproximadamente es la quinta parte del total de población Mexicana.

Por otro lado Serrano, Rojas y Ruggero (2012) afirman que, desde el punto de vista intelectual, los estudiantes con bajo rendimiento escolar son sujetos normales que por diversas causas su rendimiento escolar no coincide con lo que podría esperarse de su inteligencia, además comenta lo siguiente, de 35 a 70% de los niños y adolescentes que presentan rechazo escolar padecen simultáneamente trastornos afectivos y/o de ansiedad [ ] a mayor "escolarización" del cuadro, más probabilidades de que vaya acompañado por algún trastorno afectivo, especialmente en épocas prepuberales y puberales (Vallejo, 1990: 605-609). (p. 51)

Adicionalmente, Serrano et al. (2012) llevó a cabo una investigación con estudiantes de la Universidad Autónoma del Estado de México, en la que se encontró que "el 57% de indicadores de depresión correlacionaron con rendimiento académico; mientras que de los 12 indicadores del factor Ansiedad respecto del rendimiento académico, sólo 2 se presentan como significativos en su correlación, es decir 16.6%." (p. 12).

Por otra parte, un estudio realizado por González, Landero y García (2009) con una población de 506 estudiantes de psicología de dos universidades de Monterrey dio como resultado que "129 (25,5%) presentaron síntomas psicosomáticos de intensidad media o alta, solo 4 (0,8%) manifestaron depresión intensa y únicamente 2 (0,4%)

DRA. MARÍA ESTHER BARRADAS ALARCÓN

estudiantes presentaron niveles de ansiedad por encima del 75% de la puntuación máxima de la escala" (p. 1)

Además, una investigación nacional realizada en el año 2011 a estudiantes de instituciones universitarias de 2 y 4 años encontró que un 30% de los estudiantes se sentían "tan deprimidos que es difícil funcionar", (National Institute of Mental Health [NIMH], 2012).

CAPÍTULO II

CRITERIOS DE DIAGNÓSTICO Y CLASIFICACIÓN DE LA DEPRESIÓN

S E LE HA considerado a la depresión como una alteración de tipo patológico en el estado de ánimo con disminución del humor que termina en tristeza, asociada a variados síntomas y signos de tipo vegetativo, emocionales, del pensamiento, del comportamiento y de los ritmos vitales que persisten por tiempo habitualmente prolongado (al menos 2 semanas). Con frecuencia tiende a manifestarse en el curso de la vida, con aparición de varios episodios, adquiriendo un curso físico o recurrente con tendencia a la recuperación entre ellos.

Existen dos clasificaciones reconocidas mundialmente para diagnosticar la depresión estas son:

1.- La Clasificación de la Asociación Psiquiátrica Norteamericana (DSM IV-TR).
2.- La Clasificación Internacional de las Enfermedades de la OMS versión 10 (CIE 10).

Además de otras formas de diagnosticarla como son:

a).- La Clasificación clásica de la depresión de acuerdo al origen.
b).- La Clasificación actual de la depresión de acuerdo al origen.
c).- La clasificación de criterios propuestos por Weinberg específicamente para diagnosticar la depresión en niños.

2.1 Clasificación y Criterios de Diagnóstico (DSM IV-TR).

2.1.1 La Clasificación de la Asociación Psiquiátrica Norteamericana (DSM IV-TR).

Incluidos son el trastorno depresivo mayor, desorden distímico y el desorden depresivo no específico. En todos ellos, no puede haber historial de algún episodio de manía (American Psychiatric Association, 2000).

La depresión clínica afecta el cuerpo, el estado de ánimo, los pensamientos, actitudes y comportamiento, hábitos alimentarios, habilidad de trabajar, estudiar y la interacción con otras personas. La persona que sufre de depresión, se lamenta de un malestar, el tiempo parece detenerse, el futuro parece estar cerrado, sin sentido, vacío y repleto de amenazas; vive con el temor de que pueda ocurrir un suceso terrible; presenta irritabilidad como reacción injustificada ante diferentes estímulos. Además, presenta preocupación por su tristeza, indiferencia hacia las personas o actividades; el pensamiento es de tonalidad negativa y pesimista, lento, con dificultad en la producción de ideas, pérdida de la capacidad para concentrarse y dificultad en recordar.

En estos desórdenes se pueden encontrar ciertas características centrales que pueden organizarse dentro de cuatro dominios: afectivo, cognitivo, conductual y fisiológico. Los síntomas afectivos incluyen tristeza, desaliento y una aflicción excesiva y prolongada. Aquí son comunes los sentimientos de minusvalía y de pérdida de la alegría de vivir. Además, pueden ocurrir episodios de llanto y violencia como una respuesta general a la frustración. Los síntomas cognitivos incluyen auto-reproche de incompetencia, denigración, ideas suicidas, dificultad para concentrarse y tomar decisiones. Mientras que, los síntomas conductuales pueden incluir vestimenta y aseo personal inadecuado o sucio, cabello despeinado, movimiento corporal disminuido, no inicia actividades nuevas, aislamiento social y disminución de la productividad laboral. Por último, los síntomas fisiológicos pueden incluir una pérdida o aumento de apetito y peso, constipación o estreñimiento, falta de movimiento intestinal, trastorno de sueño y cansancio durante el día. En las mujeres, la depresión puede interrumpir o prolongar el ciclo menstrual, con posible omisión de uno o diferentes periodos.

2.1.2 Criterios de Diagnóstico del DSM-IV TR.

En cuanto a los criterios diagnósticos del DSM-IV TR para el episodio depresivo mayor se muestran en la siguiente tabla 1:

Tabla 1. Criterios Diagnósticos del DSM-IV TR.

Cinco (o más) de los síntomas siguientes durante el mismo período de 2 semanas y representan un cambio respecto del desempeño previo; por lo menos uno de los síntomas es (1) estado de ánimo depresivo o (2) pérdida de interés o placer.	
A	(1) Estado de ánimo depresivo la mayor parte del día, casi todos los días, indicado por el relato subjetivo o por observación de otros. (2) Marcada disminución del interés o del placer en todas, o casi todas, las actividades durante la mayor parte del día, casi todos los días. (3) Pérdida significativa de peso sin estar a dieta o aumento significativo, o bien, disminución o aumento del apetito casi todos los días. (4) Insomnio o hipersomnia casi todos los días. (5) Agitación o retraso psicomotor casi todos los días. (6) Fatiga o pérdida de energía casi todos los días. (7) Sentimientos de desvalorización o de culpa excesiva o inapropiada (que pueden ser delirantes) casi todos los días (no simplemente autorreproches o culpa por estar enfermo). (8) Menor capacidad de pensar o concentrarse, o indecisión casi todos los días (indicada por el relato subjetivo o por observación de otros). (9) Pensamientos recurrentes de muerte (no sólo temor de morir), ideación suicida recurrente sin plan específico o un intento de suicidio o un plan de suicidio específico.
B	Los síntomas no cumplen los criterios de un episodio mixto.
C	Los síntomas provocan malestar clínicamente significativo o deterioro del funcionamiento social, laboral o en otras esferas importantes.

DRA. MARÍA ESTHER BARRADAS ALARCÓN

D	Los síntomas no obedecen a los efectos fisiológicos directos de una sustancia (por ejemplo, una droga de abuso, una medicación), ni a una enfermedad médica general (por ejemplo hipotiroidismo).
E	Los síntomas no son mejor explicados por duelo, es decir que tras la pérdida de un ser querido, los síntomas persisten por más de 2 meses o se caracterizan por visible deterioro funcional, preocupación mórbida con desvalorización, ideación suicida, síntomas psicóticos o retraso psicomotor.

Fuentes: American Psychiatric Association. DSM-IV-TR. Manual diagnóstico y estadístico de los trastornos mentales IV. Barcelona: Massón 2003.

1.- Estado de ánimo deprimido: Se requiere que esté presente, sea objetiva subjetivamente la mayor parte del día y casi todos los días. En las y los adolescentes deprimidos, el estado de ánimo se puede describir como un sentimiento inespecífico como sentirse malo, malhumorado, e irritable y no necesariamente triste. En las niñas y los niños puede ser un estado de ánimo irritable. El estado de ánimo y el afecto parecieran ser más influenciados por el medio ambiente en adolescentes que en adultos(as).

2.- Anhedonia: Se define como el interés o el placer disminuido en todas o casi todas las actividades, la mayor parte del tiempo. En las y los adolescentes, la anhedonia se manifiesta por la deserción de actividades usuales, tales como el deporte y las actividades recreativas, así como en el cambio de relaciones interpersonales con sus pares. Es muy frecuente que las y los adolescentes sean capaces de decir que antes disfrutaban de ciertas actividades específicas, pero no lo logran hacerlo ahora. Una anhedonia total es muy difícil encontrar en un adolescente, pero sí reportan con frecuencia el cambio de intereses y de placer. En relación a la interacción social, las y los adolescentes pueden no aislarse socialmente, pero pueden cambiar los grupos de amigos(as) a grupos menos aceptados por las madres y los padres.

3.- Pérdida o ganancia de peso: Cambios en el apetito y el peso son reportados con menor frecuencia en adolescentes que en adultos(as) y puede confundirse con los cambios evolutivos alrededor de la pubertad. Muchos adolescentes, así como sus madres y padres, desconocen que el aumento de peso debe ir en conjunto con el aumento de la estatura. En las niñas y los niños hay que valorar el fracaso en lograr los aumentos de peso esperables.

4.- Insomnio o hipersomnia. Para entender los cambios en los patrones de sueño de las y los adolescentes, es importante conocer sobre los patrones de sueño normales de esta población. Estos tienden a dormir menos de lo necesario durante la semana y duermen más de la cuenta durante los fines de semana. Se ha comprobado que este tipo de patrón de sueño puede disminuir su rendimiento cognitivo. Presentar insomnio medial o terminal es poco frecuente en adolescentes, aunque el insomnio inicial y problemas para despertarse se reportan con frecuencia.

5- Agitación o retardo psicomotor: Este síntoma requiere ser valorado por otras personas, no sólo por un sentimiento subjetivo del o la joven. En ellas y ellos, esta información es difícil de obtener si uno no conoce al o la adolescente en su estado no depresivo y si la madre o el padre tienen dificultad para atribuir el cambio a algo más que ser algo normal.

6.- Fatiga o pérdida de energía: las y los adolescentes pueden confundir la fatiga y la pérdida de energía con otros síntomas de depresión y con sueño. Debe establecerse una diferencia entre la "pereza" para realizar los quehaceres domésticos vs. Las actividades placenteras, esto evita confundir la fatiga con la pérdida de energía. La fatiga es un síntoma subjetivo de sentirse cansado o teniendo baja energía la mayor parte del tiempo, aún con suficiente sueño. Una queja constante de las y los adolescentes es "estoy aburrido", que incluye a ambos síntomas o a cualquiera de los dos.

7.- Sentimientos de inutilidad o de culpa excesivos o inapropiados casi cada día (no los simples auto-reproches o culpabilidad por el hecho de estar enfermo). Las y los adolescentes frecuentemente externalizan sus sentimientos con expresiones como que los tienen de encargo.

DRA. MARÍA ESTHER BARRADAS ALARCÓN

8.- Disminución de la capacidad para concentrarse o pensar, o indecisión, casi cada día. Esta es una de las medidas más confiables de la depresión en adolescentes por su habilidad para hacer preguntas sobre el rendimiento escolar, cuando el paciente no es capaz de reportar lentificación de su pensamiento, cavilaciones o síntomas semejantes. Las clases proveen un espacio finito de tiempo en el cual hacer la tarea. Una o un adolescente quien previamente era capaz de terminar su trabajo durante el período de clase permitido, cuando está deprimido(a), es incapaz de completar los trabajos, llevándolo a aumentar las tareas a llevar a casa por el trabajo incompleto de la clase. Puede durar horas largas haciendo una tarea con resultados mínimos. Sus notas pueden reflejar una caída.

9.- Pensamientos recurrentes de muerte (no sólo temor a la muerte), ideación suicida recurrente sin un plan específico o una tentativa de suicidio o un plan específico para suicidarse. Como en las y los adultos, si se les pregunta, directamente admiten los deseos de morirse y articulan planes e ideación suicida específica. El peligro en las y los adolescentes es que su relativamente reciente adquisición del pensamiento abstracto tiende a llevarlos a percibir como una mayor catástrofe lo que un adulto o adulta llame un evento menor. Más difícil para evaluar en adolescente es la preocupación con la muerte y los temas mórbidos. Algunas madres y padres pueden mostrar preocupación con la música y el arte relacionado con temas de muerte, pero también otros lo pueden considerar propio de adolescentes. El diagnóstico de depresión mayor requiere de al menos 5 de estos síntomas presentes durante el mismo período de dos semanas, con al menos uno de los síntomas, sea humor depresivo o pérdida de interés o placer. El primer fracaso al diagnosticar la depresión en las y los adolescentes es la falla en entrevistar directamente a las y los adolescentes sobre la presencia o ausencia de tales síntomas específicos y la tendencia de tomar el valor externo de las racionalizaciones superficiales para los síntomas.

2.2 Clasificación y Criterios de Diagnóstico (CIE 10).

2.2.1 La Clasificación Internacional de las Enfermedades de la OMS versión 10 (CIE 10).

Es importante definir cada tipo de depresión de acuerdo a la clasificación que el CIE-10 propone:

2.2.1.1. Episodio depresivo y trastorno depresivo recurrente.

En los episodios leves, moderados o graves se presenta decaimiento del ánimo, reducción de la energía y disminución de la actividad. Además se presenta un deterioro de la capacidad de disfrutar (anhedonia). Habitualmente el sueño está perturbado, hay disminución del apetito. Casi siempre hay sentimientos de culpa y pérdida de la autoestima y confianza en sí mismo. El decaimiento del ánimo cambia poco día a día y es discordante con las circunstancias. Puede acompañarse de síntomas tales como insomnio de despertar precoz, empeoramiento matinal de los síntomas, retraso psicomotor, pérdida del apetito, peso y de la libido. La severidad de la depresión va a depender del número de síntomas y de la severidad de ellos. El trastorno depresivo recurrente presenta similar sintomatología, pero la persona ha experimentado al menos un episodio previo. El diagnóstico es clínico y debe hacerse en una entrevista que utilice criterios diagnósticos como los criterios del CIE 10 para Episodio Depresivo (Tabla 2).

DRA. MARÍA ESTHER BARRADAS ALARCÓN

Tabla2. Criterios Diagnósticos Generales para Episodio Depresivo según CIE-10.

Criterios Diagnósticos Generales para Episodio Depresivo según CIE-10*
A. El episodio depresivo debe durar al menos dos semanas.
B. El episodio no es atribuible a abuso de sustancias psicoactivas o a trastorno mental orgánico.
C. Síndrome Somático: comúnmente se considera que los síntomas "somáticos" tienen un significado clínico especial y en otras clasificaciones se les denomina melancólicos o endógenomorfos.

1. Pérdida importante del interés o capacidad de disfrutar de actividades que normalmente eran placenteras.
   2. Ausencia de reacciones emocionales ante acontecimientos que habitualmente provocan una respuesta.
   3. Despertarse en la mañana 2 o más horas antes de la hora habitual.
   4. Empeoramiento matutino del humor depresivo.
   5. Presencia de enlentecimiento motor o agitación.
   6. Pérdida marcada del apetito.
   7. Pérdida de peso de al menos 5% en el último mes.
   8. Notable disminución del interés sexual.

Adaptado de Guía de Bolsillo de la Clasificación CIE-10.

Se manejan los mismos criterios que en el caso de los adultos para diagnosticar la depresión en los adolescentes, sin embargo, se suman conductas de riesgo que pudieran presentarse como por ejemplo: conductas autoagresivas (no suicidas), aislamiento social, problemas en la escuela como bajo rendimiento escolar, consumo de alcohol, tabaco o drogas ilícitas y comportamiento antisocial (sin que estos últimos caigan en un trastorno de personalidad). Es importante señalar que la depresión en algunos casos se manifiesta con baja tolerancia a la frustración haciendo al adolescente más irritable en lugar de mostrar tristeza.

De acuerdo a los otros niveles de depresión o nivel de gravedad de la depresión, se toma como referencia nuevamente el CIE-10 para Episodio Depresivo y de él se desprenden las definiciones siguientes:

2.2.1.2 Episodio depresivo leve: están presentes dos o tres síntomas del criterio B (Tabla 3). La persona con un episodio leve probablemente está apta para continuar la mayoría de sus actividades.

2.2.1.3 Episodio depresivo moderado: la persona con un episodio moderado probablemente tendrá grandes dificultades para continuar con sus actividades ordinarias. Están presentes al menos dos síntomas del criterio B y síntomas del criterio C hasta sumar un total mínimo de 6 síntomas de la tabla 3.

2.2.1.4 Episodio depresivo grave: las personas con este tipo de depresión presentan síntomas marcados y angustiantes, principalmente la pérdida de autoestima y los sentimientos de culpa e inutilidad. Son frecuentes las ideas y acciones suicidas y se presentan síntomas somáticos importantes. Pueden aparecer síntomas psicóticos tales como alucinaciones, delirios, retardo psicomotor o estupor grave. En este caso se denomina como episodio depresivo grave con síntomas psicóticos. Los fenómenos psicóticos como las alucinaciones o el delirio pueden ser congruentes o no congruentes con el estado de ánimo. Deben existir los 3 síntomas del criterio B y síntomas del criterio C con un mínimo de ocho síntomas en total (Tabla 3).

Tabla 3. Criterios Diagnósticos para Episodio Depresivo según CIE-10*

Incluye los episodios depresivos del trastorno bipolar y las depresiones refractarias a tratamiento.

Criterios Diagnósticos para Episodio Depresivo según CIE-10*

A. Criterios generales para episodio depresivo:
  1. El episodio depresivo debe durar al menos dos semanas.
  2. El episodio no es atribuible a abuso de sustancias psicoactivas o a trastorno mental orgánico.

B. Presencia de al menos dos de los siguientes síntomas:
  1. Humor depresivo de un carácter claramente anormal para el sujeto, presente durante la mayor parte del día y casi todos los días, que se modifica muy poco por las circunstancias ambientales y que persiste durante al menos dos semanas.
  2. Marcada pérdida de los intereses o de la capacidad de disfrutar de actividades que anteriormente eran placenteras.

C. Además debe estar presente uno o más síntomas de la siguiente lista, para que la suma total sea al menos de 4:
  1. Pérdida de confianza y estimación de sí mismo y sentimientos de inferioridad.
  2. Reproches hacia sí mismo desproporcionados y sentimientos de culpa excesiva e inadecuada.
  3. Pensamientos recurrentes de muerte o suicidio o cualquier conducta suicida.
  4. Quejas o disminución de la capacidad de concentrarse y de pensar, acompañadas de falta de decisión y vacilaciones.
  5. Cambios de actividad psicomotriz, con agitación o inhibición.
  6. Alteraciones del sueño de cualquier tipo.
  7. Cambios del apetito (disminución o aumento) con la correspondiente modificación del peso.

D. Puede haber o no Síndrome Somático (Tabla 5)

Fuente: Adaptado de Guía de Bolsillo de la Clasificación CIE-10.

Distimia: es una alteración crónica del ánimo que dura varios años y no es suficientemente grave. Sus episodios no son lo suficientemente prolongados para justificar el diagnóstico de un trastorno depresivo recurrente en cualquiera de sus formas.

Tabla 4. Criterios Diagnósticos para Distimia según CIE-10*

Criterios Diagnósticos para Distimia según CIE-10*
A. Presencia de un período de al menos 2 años de humor depresivo constante, o constantemente recurrente. Los períodos intermedios de ánimo normal raramente duran más que pocas semanas y no hay episodios de hipomanía.
B. Ninguno o muy pocos episodios individuales, cuando los hay, debe ser lo suficientemente severo para cumplir los criterios de un trastorno depresivo recurrente leve.
C. Presencia de por lo menos 3 síntomas en algunos de los períodos de depresión: 1. Disminución de la energía o de la actividad. 2. Insomnio. 3. Pérdida de la confianza en sí mismo o sentimientos de inseguridad. 4. Dificultad para concentrarse. 5. Llanto fácil. 6. Pérdida de interés o satisfacción por la actividad sexual y otras actividades placenteras. 7. Sentimiento de desesperanza o desesperación. 8. Percepción de incapacidad para enfrentar las responsabilidades habituales. 9. Pesimismo sobre el futuro o cavilaciones sobre el pasado. 10. Aislamiento social. 11. Disminución de la locuacidad.

* Fuente: Adaptado de Guía de Bolsillo de la Clasificación CIE-10.

2.3 Clasificación de la Depresión de acuerdo al Origen.

A continuación se presenta la tabla 5 con dos clasificaciones una clásica y otra considerada como actual.

Tabla 5. Clasificación de la depresión de acuerdo al origen.

CLASIFICACIÓN DE LA DEPRESIÓN DE ACUERDO AL ORIGEN		
		Características
Clasificación clásica	Depresión endógena (Primaria).	Es producida desde el interior de la persona, no tiene nada que ver con los acontecimientos ni contexto que esté viviendo. Sin embargo la persona se siente incapaz de enfrentar los eventos propios del diario vivir
	Depresión somatógena.	Su origen es biológico y se puede comprobar. Esta depresión puede ser de malestar físico y se puede comprobar, por ejemplo hipertiroidismo, infecciones, cáncer, al superar la enfermedad la depresión sede sino se diera así se tiene que tratar paralelamente los diagnósticos que se presenten.
	Depresión psicógena.	Su origen está en fuertes tenciones emocionales por situaciones psicosociales.
	Depresión reactiva.	Esta depresión es una reacción ante una pérdida significativa para el paciente, de cualquier índole.
	Secundaria. Cuando la depresión forma parte del síntoma de otra enfermedad.	Es la depresión que forma parte de los síntomas de una enfermedad física o psiquiátrica, es decir no es el diagnóstico principal. La depresión que se presenta posterior a la remisión del episodio. El síndrome de abstinencia para un alcohólico.

En la tabla 7 se tienen los criterios propuestos por Weinberg (1.973) específicamente para diagnosticar la depresión en niños:

Tabla7. Criterios propuestos por Weinberg para diagnosticar la depresión en niños.

Categoría de los síntomas:	Manifestaciones:
Síntomas Principales	**1-Estado de ánimo disfórico (melancolía).** a) Expresiones o muestras de tristeza, soledad, desdicha, indefensión. b) Cambios en el estado de ánimo, malhumor. c) Irritabilidad, se enfada fácilmente. d) Hipersensibilidad, llora fácilmente. e) Negativismo, resulta difícil de complacer. **2- Ideación auto-despreciativa.** a) Sentimientos de inutilidad, incapacidad, fealdad, culpabilidad (concepto negativo de uno mismo). b) Ideas de persecución. c) Deseos de muerte. d) Deseo de huir, de escaparse de casa. e) Tentativas de suicidio.
Síntomas Secundarios	**3- Conducta agresiva (agitación).** a) Dificultades en las relaciones interpersonales. b) Facilidad para riñas o discusiones. c) Poco respeto a las figuras de autoridad. **4- Alteraciones de sueño.** a) Insomnio inicial. b) Sueño inquieto. c) Insomnio tardío. d) Dificultad para despertar por la mañana. **5- Cambios en el rendimiento escolar** a) Quejas frecuentes de los maestros, pobre concentración, dificultades en la atención. b) Disminución del esfuerzo habitual en tareas escolares. c) Pérdida del interés en actividades extraescolares. **6- Socialización disminuida.** a) Menor participación en grupo. b) Menos simpático o agradable con los demás. c) Retraimiento Social. d) Pérdida de los intereses sociales habituales.

DRA. MARÍA ESTHER BARRADAS ALARCÓN

	7- Cambio de actitud hacia la escuela a) Pérdida de placer en actividades escolares b) Negativa o rechazo a ir a la escuela. **8- Quejas somáticas** a) Cefalalgias no migrañosas. b) Algias abdominales. c) Otras preocupaciones o quejas somáticas. **9- Pérdida de la energía habitual** a) Pérdida de interés por actividades y entrenamientos extraescolares. b) Disminución de la energía, fatiga física o mental. **10- Cambios en el apetito y/o en el peso habitual**	

Fuente: propia

2.3.1 Clasificación Actual.

Clasificación Actual	Primaria. Aquí la depresión no forma parte de otra enfermedad principal.	*Depresiones primarias unipolares.-* De acuerdo a los síntomas se presenta a partir de los 30 años, puede llegar a tardar semanas o convertirse en crónica cuando se prolonga con los años, se puede superar con un adecuado tratamiento. Únicamente presenta fases depresivas.
		Depresión primaria bipolar.- Este tipo de depresión presenta dos fases que se alternan una de tristeza y otra de manía, en esta última generalmente la persona presenta verborrea, insomnio, gasta excesivamente, se pone metas imposibles de realizar, muestra baja tolerancia a la frustración cuando se le puntualizan sus errores; puede en caso extremos llegar a presentar agitación y/o ideas delirantes.

Fuente: propia.

CAPÍTULO III

DIFERENTES TEORÍAS EXPLICATIVAS DEL ORIGEN DE LA DEPRESIÓN

KARMAN, AL IGUAL que Ocampo Casilla, señala que no se debe afirmar que la depresión tiene una causa concreta, sino que puede ser la consecuencia sistémica de la interacción entre diferentes agentes, como son: aspectos psicológico, biológico, sociales y ambientales.

3.1 Teorías Psicológicas.

Los aspectos psicológicos pueden influir en el origen de cualquier clase de depresión, aunque es a la depresión neurótica a la que se le adjudica como clásica de este aspecto psicológico. Se consideran en este apartado factores determinantes y desencadenantes. La inadecuada conformación de la personalidad en la etapa formativa se piensa que es el factor determinante; mientras que los factores desencadenantes son cualquier tipo de pérdida importante para la persona, entre las que se pueden tener en cuenta las perdidas afectivas (separación con la pareja, muerte de un ser querido, pérdidas materiales: como dinero, perdidas laboral ó desempleo, pérdida de poder), perdida de la salud (con alteraciones en la imagen corporal, enfermedades terminales, etc.), factores académicos (cambios radicales de modelos educativos entre un nivel académico y otro, abuso de autoridad por parte del profesor, violencia entre los compañeros), entre otros.

Lamentablemente en cualquier etapa evolutiva del ser humano los factores desencadenantes de la depresión pueden presentarse de manera inesperada o no previsible con casos como accidentes automovilísticos, robo, enfermedades terminales imprevistas, sólo por mencionar algunas.

3.1.1 Enfoque Psicodinámico.

Uno de los enfoques clásicos de este trastorno es el psicoanálisis. Desde 1912, Abraham Maslow aún antes que Sigmund Freud, ya había realizado estudios sobre la depresión de manera amplia. Estos pioneros de las teorías psicodinámicas coinciden en afirmar que existen algunos indicadores típicos en las personas que tienen este padecimiento, entre los más comunes se encuentran: un profundo y doloroso estado de ánimo, desinterés por las cosas del entorno, perdida de la manifestación de amar y retraimiento de todas las funciones (Polaino-Lorente, 1985).

Mackinnon, (1971) hace referencia a que todos los síntomas y signos de la depresión en etapas posteriores a la infancia expresan sentimientos que estas asociados con experiencias grabadas en los primeros 7 años de vida.

En su libro -Duelo y Melancolía- el Psicoanalista Sigmund Freud comenta que *así como el duelo surge como una respuesta a la pérdida de muerte, la melancolía es una respuesta ante una pérdida de otra clase*, a la que dicho autor señala como "perdida de objeto"(Gath, Gelder 1993). En consecuencia, iniciaba el proceso de intervención indagando en el inconsciente del paciente a través de la técnica de asociación libre, observando y estudiando todas las reacciones tanto verbales como cognitivas de la persona, esto llevaba al paciente con ayuda del psicoanalista a reconstruir sus primeras vivencias vitales dando como resultado una mejoría a su vida presente adulta (God, 1988).

Para Sigmund Freud el estado de ánimo depresivo funciona como un mecanismo de defensa. Freud, junto con sus discípulos, estableció que la depresión es una manifestación de hostilidad contra la persona amada que se fue o murió, precisamente por haber desaparecido. Este sentimiento de odio a la persona amada genera un sinfín de sentimientos de culpa y, para "lavar esa culpa", la persona se "autoflagela" o reinvierte contra sí mismo ese odio (Vallejo-Nájera, 2005).

Entre otras cosas, Freud señala que las personas con depresión llegan a ser severamente autocríticos y que además el trastorno depresivo se manifiesta cuando el paciente experimenta en sí mismo sentimientos ambivalentes de amor y odio. Por lo que cuando pierde un "objeto amado" se autorreprocha (Gelder, Gath, 1993). Bennett, (2003), citando a Freud, sugiere y reafirma que la depresión normal es la consecuencia de una perdida simbólica. Los sucesos son vistos como si se estuviera quitando el amor o la estima de las personas importante para uno mismo.

En este enfoque psicodinámico, Freud afirma, que la neurosis se origina por experiencias determinantes y únicas en la infancia, y conforme se avanza en el desarrollo estas experiencia se van pasando de una etapa a otra (Gold, 1988). Es por esto que sugiere que la persona deprimida tiene que explorar o retroceder a una etapa anterior del desarrollo, la etapa oral, en la que desde este enfoque son muy poderosos los sentimientos sádicos. Melanie Klein, (1931, citada por Geder, Gath, Mayou, 1993), aborda y aporta a esta idea sugiriendo que el niño debe de adquirir la confianza en todo momento, el niño debe aprender que aun cuando su mamá lo deja momentáneamente, esta volverá aun cuando él se haya enojado. A este estadio temprano le llamo "posición depresiva". Esta autora menciona que si esta etapa no se vive exitosamente es posible que las consecuencias aparezcan en etapas posteriores de la vida, incluso en la fase adulta, (Gelder, Gath, Mayou, 1993).

Retomando a, Freud, destaca entonces que el potencial depresivo tiene su origen en la primera infancia. Y agrega que, sí durante la etapa oral (una de las primera etapas psicosexuales que abarca de 0 a un año y medio de edad), las necesidades propias del niño a esta edad son insuficientemente satisfechas o descuidadas, o bien, exageradamente satisfechas, la persona queda fijada a esta etapa de forma permanente. Y las consecuencias para etapas posteriores es que la persona no transita por estas siguientes etapas de manera satisfactoria y detiene la maduración psicosexual, trayendo con esto una tendencia a depender excesivamente de otras personas sobre todo en el mantenimiento de su autoestima.

Otros autores como Bibring (1953) mencionan que algo muy importante y medular en los trastornos de depresión es la perdida de dignidad, la cual depende no solo de las vivencias en la primera infancia, es decir, en la etapa oral, sino que considera los posibles fracasos en etapas posteriores del desarrollo (Gelder, Gatha, Mayou 1993).

Se sabe que el ser humano en general tiene representaciones mentales de quienes son importantes en su vida, incluyéndose ellos mismos, sumado a esto hay algo más el yo ideal, que viene siendo la imagen mental de lo que quisiéramos ser. Por lo tanto, el nivel en el que la autoimagen mental corresponde con el yo ideal, contribuye y constituye parte de la autoestima o amor propio. Cuando no coincide lo que creo ser con lo que quisiera ser presenta una disminución en la confianza y en la autoestima como síntomas principales de la depresión. Desde este enfoque psicodinámico, las personas que son propensos a presentar depresión basan su autoestima en una aportación permanente e ininterrumpida de cariño, respeto y aprobación por parte de las personas significativas en su vida. Luego entonces la lejanía o rompimiento de una relación origina una vulnerabilidad para la fuente de provisión narcisista de amor y satisfacción de dependencia de la persona. Repercutiendo esto en la autoestima de la persona y conduciéndola a una depresión (Mackinnon, 1971).

Desde este enfoque también se menciona que el comportamiento de las personas es regido por el principio de placer, evitando el dolor. Cuando una persona tiene manifestaciones masoquistas parece impedir el placer o incluso buscar el dolor. Según este enfoque psicodinámico, el masoquismo es uno de los rasgos de carácter central de las personas deprimidas. Cuando una persona se siente incapaz de evitar una desdicha, esta es una franca manifestación de masoquismo, o peor aún, cuando presenta comportamientos autodestructivos, por ejemplo la autoflagelación o el suicidio. Desde otra perspectiva el masoquismo puede servir como defensa de la depresión, es decir, la persona puede sentir orgullo por estar deprimido, paralelamente a la negación sobre sus problemas y su proyección hacia el mundo exterior (ibid).

3.1.2 El Enfoque Cognitivo.

Esta perspectiva de la teoría cognitiva menciona que la depresión es causada por la presencia de pensamientos y actitudes irreales respecto a sí mismo y alentorno (Kupper, 2003).

Schwob, (1995) menciona que cuando el adolescente está deprimido tiende a ser ofensivo y agresivo, tiende a destruir o a romper las cosas, estos comportamientos están relacionados directamente a emociones de odio, rencor e ira. La situación del adolescente se empeora debido a que esta forma de comportarse provoca que los padres y profesores los clasifiquen como agresivos o violentos, ya que no entienden que son adolescentes con depresión.

La presencia de depresión provoca cambios cognitivos, fisiológicos, afectivos, conductuales y socioculturales. Con respecto a los cambios conductuales generados por una depresión leve la persona evade las tareas complicadas debido a la dificultad que exige terminarlas. También se presenta una falta de motivación, de deseo para involucrarse en actividades que no le genere una ganancia inmediata. La comunicación con las demás personas se altera, también puede rehusar estar en reuniones sociales que no las considere muy interesantes y gratificantes, mientras que en una depresión profunda o severa, literalmente evade participar en reuniones sociales (Fontanei, 1993).

Hammen (1985), señala que estar deprimido es la respuesta de pensamientos negativos y catastróficos o pesimista de todo lo que le rodea o acontece. Al respecto Dent y Teasdale (1988) en una de sus investigaciones donde midieron los niveles de depresión y los esquemas de pensamiento con una población de mujeres, obtuvieron como resultado que las mujeres que se auto-describían de manera negativa tienden a recuperarse de manera más lenta comparado con aquellas que se auto-describían de manera menos negativa. Llegando a la conclusión

DRA. MARÍA ESTHER BARRADAS ALARCÓN

de que las personas que tienen pensamientos negativos, pueden presentar episodios de depresión más severa y prolongada en tiempo.

Adicionalmente, otros autores manifiestan que en la medida que la persona presenta un auto-concepto de indigno, podría empujarla a un esquema de cogniciones que exhiban autocritica y pensamientos exagerados de sus compromisos y responsabilidades. Estos pensamientos generalmente son al mismo tiempo exagerados, irracionales, con una gran carga emocional y catastrófica (Ellis, 1981).

Por su parte, Beck planteó que el defecto primario de la depresión, estaba relacionado por los tipos de pensamiento. También considera que cuando la persona se siente deprimida generalmente es el resultado no sólo de más de una causa sino de una alteración cognitiva, en conjunto esto da como consecuencia la depresión, (Sue y otros, 2006).

Beck propone un modelo cognitivo en el que afirma que las personas con depresión reportan cogniciones negativas, en contraste con los pensamientos positivos de personas sin depresión. Este autor comenta que los pensamientos negativos giran alrededor de los siguientes aspectos:

1 **Una autoimagen negativa.**- La persona con depresión, presenta una inclinada tendencia a menos preciarse, a subestimar sus capacidades y habilidades, a sentirse inútil, incompetente. Y generalmente considera que todas sus desgraciadas o situaciones adversas se deben a fallas propias, llámese mental, físicas o moral. Se percibe indeseable a consecuencia de sus supuestos complejos o defectos; la tendencia típica es el auto-rechazo, proyectando esto hacia los demás, es decir, asume que así como se rechaza los demás también lo tienen que rechazar.

2 **Su perspectiva hacia el mundo es trágica, muy negativa.**- La manera de comunicarse con todo su entorno son interpretadas como privaciones, fracasos. Considera que todo su entorno

le hacen exigencias extremas y le pone estorbos que le impiden alcanzar sus metas en la vida.

3 **El futuro lo considera trágico.**- Invariablemente, desde una configuración negativa sombría y repetitiva, sobre una gama de pensamientos amenazantes. Y asume que todo lo que piensa y siente vivir de manera negativa seguirá permanentemente sumándole aun otros males o problemas mayores.

Esta Teoría presenta un punto de vista de la depresión completando el aspecto cognitivo con el aprendizaje. La premisa de esta unión es que tanto los pensamientos como los sentimientos de desaliento, de desesperanza son aprendidos y, por lo tanto, la depresión es una sensación de desamparo o desesperanza que en algún momento fue aprendida. Es en ese momento donde se graba la creencia de ser incapaz de cambiar los resultados de su vida. Es decir una persona que invariablemente ve que sus esfuerzos o acciones no influyen o influyen muy poco en su entorno, desarrolla y establece una sensación de inutilidad y desesperanza. Cuando esas cogniciones surgen pueden no ser manejadas o canalizadas correctamente generando como resultado una ausencia de acción y depresión (Sue y otros, 2006).

Este enfoque por indefensión aprendida establece que las vivencias del pasado de inutilidad real llevan a que la persona tenga la convicción de que los escenarios o experiencias futuras no placenteras consideren que no las podrán controlar, luego entonces reacciona pasivamente ante estas situaciones, con una resignación y aceptación depresiva. Ha sido corroborado por muchos investigadores que la depresión está ligada a un locus de control externo, donde la persona deprimida tiende a percibir los eventos como incontrolables (Benassi y otros, 1988). Como ejemplo están los estudios que se han realizados con perros a los que se les ha expuesto a agresiones o descargas eléctricas continuas e inevitables, llega el momento en que estos no escapan después de otra serie de descargas eléctricas, aun cuando tienen la oportunidad de escapar.

La incompetencia de controlar las situaciones adversas y dolorosas, originan un estado de retraimiento y abandono por indefensión. Según Seligman (1975) una persona susceptible al desarrollo de depresión, depende entonces de sus experiencias controlando su ambiente. Este mismo autor realizo una investigación sobre la desesperanza, encontrando en él un fuerte paralelismo entre síntoma y las causas de la desesperanza y la depresión. Además indicó que la depresión es una creencia de auto-desesperanza. Luego entonces considera que las personas gravemente deprimidas suponen que sus planes y habilidades no son efectivos para lograr sus metas. Estas expectativas de que el resultado es independiente de la respuesta, primeramente dan origen a una disminución de la motivación para intentar controlar los resultados; en segundo lugar, obstaculizan el aprendizaje relacionado con controlar el resultado; y en tercer lugar, causa miedo en la medida en que la persona siente inseguridad de no poder controlar los resultados.

3.1.3 Enfoque del Conductismo.

El punto de vista conductista se fundamenta en el condicionamiento operante. Para el conductismo la depresión es la consecuencia a la disminución de un reforzador positivo (Leinsohn y cols., 1979) citado por (Bennet, 2003). Los teóricos conductistas consideran la depresión como el producto de cambios en las recompensas y castigos que la gente recibe en sus vidas; la forma de auxiliarlos es construyendo patrones más favorables de reforzamiento, especialmente la mayoría de los estudiosos del aprendizaje ha observado la depresión como una función de la escaza frecuencia del reforzamiento social que incluye dinero, prestigio y amor (Sarason y Sarason, 1975).

3.1.4 Enfoque Gestáltico.

La palabra Gestalt, aunque no tiene una transcripción directa al español, se describe como una forma específica, concreta, existente y organizada que tiene una representación definida, relacionando el pensamiento, sobre todo, con la percepción visual. A pesar de esto, Díaz (2006) comenta, que la utilización del concepto no se limita, exclusivamente al área visual ni al área sensorial en su conjunto. Aprender, percibir, pensar, decidir, hacer y sentir, son tratados como un todo integrado e indisoluble.

Los investigadores de la teoría de la Gestalt declaran cómo se capta en el cerebro el diario vivir, fundamentándose en que la mente percibe los objetos conocidos en la vida diaria, básicamente nos define el proceso mediante el cual el individuo trata de llevar un todo a algo completo y no dividir ese todo en pedazos iguales. Desde el punto de vista de la teoría Gestalt, el propósito de la psicología tendría que estar orientado en estudiar el significado. Cada elemento de análisis debe considerarse como una totalidad significativa. Los investigadores consideran que este enfoque de la mente no es pasiva sino activa pues no acepta lo que percibe de manera pasiva, más bien, de manera dinámica queriendo encontrar significados de forma permanente ante los diversos estímulos del exterior. Luego entonces, la mente crea una experiencia integrada a través de la percepción, en el interior la mente encuentra componentes sensoriales que se organizan en un significado. Kohler lo ejemplifica de esta manera: "Nadie puede comprender una partida de ajedrez si únicamente observa los movimientos que se verifican en una esquina del tablero." Esa es la idea... una percepción holística, integradora en una estructura de tipo interna.

Desde el enfoque Gestáltico la depresión es explicada con el resultado de un conflicto entre dos elementos de la personalidad que se han separado y polarizado. Fritz Perls, considerado como el precursor de esta teoría, llama estos dos elementos como "perro de arriba" y "perro de abajo", calificados como un conjunto de introyectos y paradigmas incorporados en la persona desde muy temprana edad, en su infancia, y que por su origen son facilitados por personas con las que crecen y que tienen una gran autoridad sobre él, como por ejemplo sus padres o quienes fungieron este rol, estos introyectos y paradigmas han sido incorporados a la personalidad sin ser cuestionadas en ningún momento. El perro de arriba simboliza una serie de componentes que forman una inflexible conciencia resultante del afuera que fue introyectada y ahora forma parte de la personalidad de la persona; estos componentes fueron introyectados por la presión de emociones como la culpa, la vergüenza y el miedo a ser fuertemente castigado o a ser abandonado emocionalmente y afectivamente, además tienen la función de cuidar que la persona haga y piense "lo correcto", "lo que debe" y de castigarle con severas autocríticas cuando comete una trasgresión a estos paradigmas rígidos, es como tener en el interior un cruel verdugo. En tanto el elemento del perro de abajo simboliza un conjunto de actitudes y creencias manejadas para manipular a los otros, hacen ver a la persona como alguien indefenso, débil e inútil, necesitado de la compasión y la protección de los demás, mientras recibe constantemente las agresiones del perro de arriba.

La persona que padece depresión de manera inconsciente separa su personalidad en estos dos elementos opuestos entre sí, esto es, entre lo que se desea hacer y lo que se debe hacer. Al mismo tiempo, graba de forma inconsciente el rol de victima manipuladora y victimario punitivo. La persona en depresión impide el contacto con ciertos aspectos o personas del entorno, con algunos elementos de sí mismo o con algunas de las emociones que siente. La forma de obstaculizar este contacto es por medio de determinadas manipulaciones. Maneja a las personas del medio y aún a sí misma proyectando en los otros las polaridades del perro de arriba y el perro de abajo, la proyección no aprueba la sensación y manifestación de las emociones que estas partes disueltas de la personalidad le crean por lo que la Gestalt nunca concluye y el conflicto permanece sin resolver.

Otro factor muy importante del enfoque gestáltico es el concepto del campo organismo-entorno, el cual concibe a los seres humanos como organismos sólidamente unidos al entorno que les rodea, en el que viven y se desenvuelven. Es decir, no se puede separar al hombre de la naturaleza que le rodea, el clima, la gravedad que lo mantiene en pie, ni alguien común con respuestas violentas sin ser parte de la respuesta a estímulos externos(Jean-Marie Robine).

Se dice entonces que el ser humano es un campo organismo-entorno, elementos de influencia y transformación constantemente ligadas en forma interdependiente al entorno, en las que se da inicio a determinados patrones de experiencias desde la satisfacción de las necesidades básicas, hasta funciones complejas del cerebro como el aprendizaje, la mente, el self, la salud y la enfermedad. En el límite de la unión entre el organismo y su ambiente surge el proceso de autorregulación organísmica, sí este proceso se desarrolla de modo eficaz la persona da satisfacción a sus necesidades, completa sus Gestalt, si la autorregulación organísmica es interrumpida por la aparición de alguno de los mecanismos de resistencia al contacto tendrán lugar diferentes patologías, entre ellas la depresión.

3.2 Enfoque biológico.

A través de los avances científicos en la medicina y los avances tecnológicos se ha encontrado en varias investigaciones que algunas personas tienen una vulnerabilidad genética hereditaria de transmisión, se cree que posiblemente la depresión psicótica es producto de la vulnerabilidad heredada para padecerla. Así se puede apreciar en los resultados de algunas investigaciones en las posibilidades de padecer este tipo de depresión está en un 50% para aquellos que tienen padres con depresión severa en comparación de un 3% o 4% para quienes tengan un pariente lejano (como primos, tíos, abuelos) que padezca depresión severa.

3.3 Enfoque Ecológico.

Aunque si bien es cierto, que los avances científicos y tecnológicos actuales han traídos grandes beneficios a la humanidad estos también están dejando cosas muy graves, como contaminación atmosférica, productos de la combustión de vehículo de motor, industrias, talleres, quema de desechos y polvo, así como mala calidad del aire inhalado.

DRA. MARÍA ESTHER BARRADAS ALARCÓN

Problemas de tránsito, exceso de vehículos, falta de estacionamientos. Ruido excesivo, autotransportes, aviones de reacción, fábricas metalúrgicas, equipo de sonido, el daño tan severo al ecosistema: la tala inmoderada de árboles, el asesinato de animales afectando la cadena alimenticia, la construcción inmoderada de fraccionamientos sobre áreas naturales acuíferas: laguna, brazos de ríos, la producción no controlada de contaminantes hacia los ríos, hacia la atmosfera, la fabricación de materiales que tardan años en degradarse produciendo una inmensa contaminación y un desequilibrio ecológico grave. Todo esto ha detonado en fenómenos natural no visto en siglos, un ejemplo son los terremotos, los tsunamis como el ocurrido recientemente en Japón. Y quizás lo más grave es la carencia de una cultura ecológica y sustentable. Lo anterior compromete y pone en riesgo la vida cotidiana del ser humano y por lo tanto su salud mental.

Por otro lado, Dennis Charney, que dirige el Mood and Anxiety Disorders Programs en el National Institute of Health (en Maryland), especula sobre que la clave es el agrandamiento de las amígdalas. De acuerdo a ella, el estrés induciría la producción de una hormona en el cerebro, que a su vez gatillaría la liberación de cortisol en la glándula suprarrenal, y actuaría en la amígdala como un neurotransmisor. A su vez esto dañaría el hipocampo y la corteza cerebral. Charney afirma que se están desarrollando drogas para bloquear la acción de este transmisor, las que ya se ha demostrado que funcionan muy bien en animales.

Finalmente, el investigador George Zubenko de la Universidad de Pittsburg, Pennsylvania ha encontrado que el 81% de las mujeres con depresión grave, posee una mutación en el DNA, la que afecta la codificación de una proteína llamada CREB. Ella puede gatillar la neurogénesis, pero también afecta a la memoria, el ritmo circadiano y lo que es más importante, afecta a la regulación de la producción de glucosa en el hígado, afectando así al suministro de energía. En otras palabras, influye en un proceso fisiológico básico que puede afectar a todo el organismo, como los sugiere MacQueen.

3.4 Enfoque Social.

La sociedad actual está caracterizada por un desenfreno en la inmediatez de las cosas, en un consumismo inacabable y un nivel de estrés intenso y sostenido en tiempo, lo que ha propiciado una mayor vulnerabilidad para presentar depresión (Bennett, 2003). Comer, (2001), menciona que muchos autores socioculturales aseveran que la depresión es influenciada por la estructura sociocultural que prevalece en la actualidad. Y afirman la existencia de una relación muy estrecha entre la presencia de depresión y ciertas categorías como son la raza, cultura y apoyo social. Díaz, Torres y cols. (2006) comentan que las rupturas del matrimonio, el status de divorciado, pertenecer a un nivel socioeconómico inferior, inestabilidad laboral, la soledad o vivir aislado del centro urbano, los problemas de trabajo y los problemas familiares, entre otros, son factores que facilitan la presencia de un trastorno depresivo mayor.

La depresión ha estado en todas las culturas, además de que esta puede variar de un subgrupo a otro aún dentro de una misma cultura y sociedad, así como entre géneros, este autor menciona que una posible explicación de que exista mayor prevalencia de depresión en las mujeres puede ser por el nivel de complejidad y exigencia que implica el desarrollo de su rol, ya que en la actualidad la mujer se expone a un mayor nivel de responsabilidades y por lo tanto menor calidad de vida, adicionalmente, están sometidas a niveles más altos de presiones sociales, llevándolas a experimentar un nivel de estrés intenso y permanente que lo convierte en crónico comparado con los hombres (Bird y Rieker, 1999 citado por Bennet, 2003).

Además señala que el hombre cuenta con una mayor capacidad de bloquear pensamientos negativos que podrían llevarlo a padecer una depresión, mientras que la mujer puede sumergirse más fácilmente en esos pensamientos negativos o catastróficos que le desencadenan una depresión.

DRA. MARÍA ESTHER BARRADAS ALARCÓN

Como lo demuestran los estudios etiológicos, los estados afectivos de depresión son una respuesta a la pérdida de los lazos de unión que han sido indispensables para la supervivencia y desarrollo de nuestra especie, entre los que se pueden considerar la desintegración de la familia, la disminución del apoyo espiritual de la iglesia, la falta de vínculos con los vecinos, las migraciones, así como el debilitamiento de los lazos familiares que se observa en los últimos tiempos a través de eventos como el hecho de que muchas familias se reúnen solo en ocasiones especiales, como bodas, bautizos, o entierros, que el divorcio se incrementa día a día, y que es habitual que los jóvenes traten de independizarse tan pronto como tienen los medios económicos que les permiten hacerlo. En algunos países europeos, sobre todo los nórdicos, los ancianos viven totalmente solos, los vecinos se dan cuenta de que han muerto hasta que perciben el mal olor de sus cuerpos en descomposición. Las relaciones de vecindad, afecto y apoyo emocional que existían hace unas décadas se han roto por completo, mientras el narcotráfico y la violencia se han desencadenado fuertemente.

CAPÍTULO IV

FACTORES DE PROTECCIÓN Y RIESGO

4.1 Factores de protección y riesgo.

A CUALQUIER ACONTECIMIENTO O situación que incremente las posibilidades de desencadenar una enfermedad o de que suceda un incidente desfavorable se le llama factor de riesgo. Aunque si bien es cierto un factor de riesgo no es la raíz única de un problema, si se relacionan con él. Y, como a través de los factores de riesgo puede anticiparse la posibilidad de aparición de un problema, estos ayudan a prevenir la presencia del mismo, en este caso la depresión. Argimón Pallás J y Jiménez Villa J. (2000). En las etapas de desarrollo infantil y adolescencia la depresión es un trastorno complicado que tiene diferentes factores de riesgo, los cuales pueden llegar a relacionarse entre sí y a tener un resultado acumulativo. Un factor único no puede descifrar el desarrollo de la depresión, disminuir la probabilidad de ocurrencia o que su control sea suficiente para evitar se desencadene la depresión, National Collaborating Centre for Mental Health, (2008).

4.1.1 Factores familiares y del entorno.

Los factores familiares y el contexto social podrían jugar un importante papel en el desarrollo de la depresión, fundamentalmente aquellos que están fuera del propio control, que ocurren como un acontecimiento no predecible en el ambiente diario y que son recurrentes a lo largo del tiempo.

La depresión en los padres se considera un factor de riesgo importante, que se asocia con depresión en su descendencia, Zuckerbrot RA, (2007). Se ha visto que los hijos de padres con depresión presentan una probabilidad entre tres y cuatro veces mayor de desarrollar trastornos del humor, Richardson LP (2005) y en concreto, la psicopatología materna se considera un predictor de depresión en el niño, Bragado C, (1999).

4.1.2 El alcoholismo familiar también se ha asociado a una mayor probabilidad de depresión Bragado C,(1999).

El contexto familiar en el que vive el niño o el adolescente parece jugar un papel trascendental en el desarrollo de depresión. Los factores de riesgo más comunes son la existencia de conflictos conyugales o las dificultades emocionales entre uno de los padres y el niño, Richardson LP, (2005). Son también factores de riesgo asociados con la depresión, las distintas formas de maltrato como el abuso físico, emocional, sexual y la negligencia en el cuidado, así como los eventos vitales negativos como el divorcio o separación conflictiva de los padres, la pérdida de amistades y la muerte de un familiar o amigo, Dopheide JA.(2006).

Situaciones como el que los papás trabajen largas jornadas fuera de casa, la presencia de bajos ingresos económicos o las condiciones donde se vive como hacinamiento en la vivienda, colonias o aéreas peligrosas o desfavorables, son factores que de forma independiente no presentan una fuerte relación con el desarrollo de depresión en los niños o adolescentes, National Collaborating Centre for Mental Health(2005).

Según Cava, M.J. & Murgui, S. y Musitu, G. (2008), las característica de las amistades, el lugar que ocupa en el grupo de iguales (un estatus positivo o bien valorado), actitudes y expectativas de sus amigos hacia: figuras de autoridad y el no consumir sustancia psicoactivas, el tener una buena comunicación y aceptación con su familia, lo que le permite tener una adecuada autoestima son factores de protección.

4.2 Riesgos en relación con el entorno.

En varias ocasiones se relaciona la depresión en los jóvenes con la presencia de problemas con los demás y sentimiento de rechazo por parte de diferentes personas que le rodean, esto aumenta las dificultades de relacionarse socialmente. Luego entonces, los niños adolescentes y jóvenes que cuentan con muy pocos o ningún amigo, pueden tener un mayor riesgo de desencadenar un trastorno depresivo, además de problemas de conducta yuna tendencia a aislarse socialmente hablando. National Collaborating Centre for Mental Health (2005).

Es importante señalar que existen otros indicadores relacionados con un número mayor de síntomas de depresión, entre ellos está el vivir en una dinámica familiar diferente a la de los padres biológicos, tener problemas de salud, una inadaptación a la familia, a los amigos, a la escuela, la pareja o el trabajo.

Haavisto A. (2004) encontró que no hay una correlación en vivir en una zona urbana o en una zona rural para presentar depresión. Otro factor de riesgo para la depresión es el acoso escolar (bullying) manifestado como un trato denigrante, como burlas frente al resto de sus compañeros, la indiferencia, el rechazo o los golpes. Aslund C,(2007). La National Collaborating Centre for Mental Health(2005), considera que quienes pueden tener un muy alto riesgo de trastornos mentales, entre ellos el depresivo, son los niños y adolescentes que no tienen un hogar, los niños de "casas hogar" llamados también hospicios, los refugiados, los que se encuentran en centros de protección y cuidado que se da a una persona que necesita ayuda o refugio, los que tienen un historial de delincuencia y, sobre todo, los reclusos en instituciones de seguridad.

- **Redes Sociales.**

Autores como (Pince MJ et al., 1997; Stansfeld S et al., 2003) confirman una relación estrecha entre un pobre apoyo social con el desencadenamiento de la depresión. Entre más deficiente apoyo social más alta tasa de depresión, lo que implica niveles bajos de calidad.

Mientras que, si tiene una red social más amplia se tiene también mayor posibilidad de ser protegido de la depresión, sobre todo en el caso de los hombres (Landman-Peeters KM et al., 2005; Plaisier et al., 2007).

Por cultura las mujeres cuenta con más redes sociales, lo que les permite contar con más personas cercanas que les dan apoyo, aunque los hombres tienen redes sociales más amplias estas no son relaciones tan profundas (Fuhere R et al., 1999).

Finalmente todos los que consumen sustancias psicoactivas como, adicción al tabaco, al consumo y abuso de alcohol y/o de otras drogas como cocaína, éxtasis, todas las llamadas ilícitas, son factores de alto riesgo relacionados con la presentación de depresión. Haavisto A, (2004). El riesgo de padecer depresión es 3 veces mayor en los varones que abusan de alcohol que en los que no abusan, en las mujeres este riesgo es 4 veces mayor. Por otra parte, un 34% de la totalidad de pacientes deprimidos abusan del alcohol. (Barradas, 2009). En otra investigación realizada en la ciudad de Veracruz con estudiantes de ingeniería química del Instituto Tecnológico de Veracruz se encontró que a mayor nivel de estrés, mayor grado de depresión (Barradas, 2006). Debido a que el estrés hace referencia a una tensión física, mental o emocional causada por las presiones y demandas ambientales, situacionales o personales, en que los acontecimientos impredecibles e incontrolables hacen que se incremente y prolonguen los síntomas.

4.3. Factores individuales.

Este tipo de factores se refieren a factores que proceden de la propia persona, entre ellos se considera el género, la edad, con quien vive o si vive solo, actitud ante las dificultades financieras, herencia genética y bioquímica, características psicológicas y experiencias de maltrato psicológico en la infancia.

- **Género.**

Es interesante observar como los resultados de muchos estudios coinciden en que es el sexo femenino el más vulnerable para desencadenar depresión, su incidencia es mayor en la mayoría de las culturas y zonas geográficas a comparación de los hombre (Gater R et al., 1998); Estadísticamente hablando la incidencia del trastorno depresivo es dos veces mayor en el caso de las mujeres en relación a los hombres (Weissman MM y Olfson M., 1995, Weissman, 2000). Ya establecida la depresión se prolonga más en la mujer que en el hombre (Barry LC et al., 2008). Dentro de las posibles explicaciones del porque es la mujer más vulnerable al desarrollo de la depresión, se cree que puede ser en parte por el rol social o cultural, es decir, por lo que la sociedad (los amigos, familia) demanda o espera que actué en función de su rol femenino (Giner S et al., 1998). Autores como Piccinelli y Wilkinson (Piccinelli M. y Wilkinson G, 200), ratifican que la incidencia, prevalencia y las causas de inicio de la depresión son diferentes entre hombres y mujeres. En general, entre las causas más comunes se encuentran las vivencias adversas en la niñez, presencia de ansiedad y depresión en la infancia o adolescencia, o bien, diferentes características psicológicas que generan vulnerabilidad ante situaciones vitales de estrés y escasas o pésimas técnica de afrontamiento. Otro aspecto muy importante son los cambios hormonales, los cuales pueden producir cambios orgánicos que predisponen al estrés y depresión.

4.4 Factores de riesgo Biológicos.

4.4.1 Genéticos.

Dentro de estos factores biológicos se encuentran los genéticos y los bioquímicos.

Existen factores que se relacionan con la predisposición genética de las personas para sufrir alguna patología o bien desarrollar alguna habilidad en la vida. Este factor es heredado de nuestros padres y se encuentra codificado genéticamente en el ADN. Richardson LP, Katzenellenbogen R, (2005). Mencionan que del 20% al 50% de los niños y adolescentes que tienen herencia familiar de depresión o cualquier otro trastorno mental presenta invariablemente depresión. Aunque otros estudios recientes como son los de National Collaborating Centre for Mental Health(2008), señalan que estos factores genéticos son de menor importancia en la depresión de niños y adolescente. Investigaciones realizadas con gemelos revelan que la presencia de depresión puede ser causada en un 40 a 70% por agentes genéticos, Garber J.(2006).Aunque hay que reconocer, que aún no se conoce el mecanismo de acción de los genes hasta la aparición clínica de la depresión, Torgersen S. (2008).

Para Rice F, Harold GT, Thapar A. (2005), comentan que es aún mayor la influencia del medio ambiente en una depresión severa. Sin embargo, autores como Torgersen S.(2008) consideran tiene mayor influencia genéticamente hablando en la aparición de cuadros clínicos graves de depresión mayor. Jacobson y Rowe (1999) encontraron mayor influencia genética sobre la depresión entre jóvenes mujeres que entre jóvenes varones, esto hace suponer que las diferencias hormonales entre sexos conducen a una mayor expresión emocional y conductual.

Se puede concluir entonces que aún no existe certeza sobre los factores que influyen en mayor medida en la aparición de la depresión, si lo genético o lo ambiental.

4.4.2. Bioquímicos.

Se ha comprobado que la bioquímica del cerebro juega un papel significativo en el trastorno de depresión, que la presencia de una depresión severa invariablemente tiene un desequilibrio de sustancias químicas en el cerebro llamadas neurotrasmisores. Así, las alteraciones que pueden presentar los sistemas generadores de los neurotrasmisores, como son los sistemas serotoninérgico y corticosuprarrenal, pueden estar muy relacionadas tanto en la biología de la depresión de niños como de adolescentes. Los niños con historia familiar de depresión presentan alteraciones de la función serotoninérgica. Estudios como los de Bhatia SK(2007), con adolescentes en alto riesgo psicosocial han demostrado que el incremento en la producción de cortisol y dehidroepiandrosterona pronostica el inicio de depresión. Por otro lado, se ha encontrado en jóvenes vulnerables a la depresión que presentan alteraciones en los niveles de la hormona de crecimiento, prolactina y cortisol Garber J.(2006).

4.5 Factores psicológicos.

Dentro de este tipo de factores se encuentran las cogniciones, aunque no se tiene bien claro si los pensamientos catastróficos generan neurotrasmisores relacionados con la depresión o si la alteración en los sistemas serotoninérgico y corticosuprarrenal generan pensamientos catastróficos. Quien genera a quien no es determinante, lo importante es que ambas condiciones se presentan juntas, tanto las cogniciones como el desencadenamiento de ciertos neurotrasmisores como la noraepinefrina están presentes durante la depresión. La razón por la cual es importante tener en cuenta lo anterior es para definir un tratamiento integrado e interdisciplinario para los trastornos depresivos.

Si partimos de que la personalidad es la suma del temperamento más el carácter, se tiene entonces que el temperamento se fundamenta en una base genético-biológica, mientras que el carácter se fundamenta en una base de aprendizaje dentro de un contexto familiar-social. En la investigación de Boccia y Pedersen, (2001), puede verse claramente lo antes expuesto, ellos estudiaron como afectaba la privación afectiva en la infancia, específicamente con hijos de madres depresivas, encontrando que la privación afectiva llevaba a alterar el desarrollo normal del sistema límbico en los niños, provocando en ellos una fragilidad ante estímulos estresores comunes en la adolescencia y también favoreciendo el inicio de cuadros clínicos de ansiedad y depresión. El maltrato o ausencia de afecto genera la presencia de estados emocionales negativos, que se asocian con comportamientos como retraimiento social, conducta inhibitoria y problemas de concentración. Un niño o adolescente que experimenta la carencia de muestras de amor y comprensión por parte de sus padres, desarrollan una tendencia a reaccionar intensamente frente a estímulos negativos, además los vulnera al padecimiento de otros problemas emocionales, sobre todo en el sexo femenino, Garber J.(2006).

Este mismo autor menciona que ante la presencia de eventos causantes de estrés se presentan pensamientos relacionados con las carencias afectivas, como baja autoestima, sentimientos de abandono, de no pertenecer a sus seres queridos y un estilo obsesivo en pensamientos catastróficos, manifiestan también fuertes problemas para afrontar el estrés lo que favorece la posibilidad de sufrir depresión. Se crea entonces un círculo vicioso, donde los niveles de depresión más altos se acompañan de pensamientos de muerte y cuanto más fuertes y frecuentes son estos pensamientos de muerte más intensos son los síntomas de depresión mayor, Garber J.(2006). Por su parte, Beck (1976), afirma que la aparición y sostenimiento de los trastornos depresivos, de los estilos de pensamientos caracterizados por ser negativos, la tendencia a la desesperanza, el pesimismo y la auto-culpabilización manifiestan una franca visón negativa de sí mismos. Pensamientos como *"no sirvo para nada" "todos están en mi contra y nadie me quiere"* son catastróficos para ellos, lo que favorece su visión e incrementa la posibilidad de seguir deprimidos.

CAPÍTULO V

INSTRUMENTOS QUE MIDEN DEPRESIÓN E IDEAS SUICIDAS

ESTE CAPÍTULO MUESTRA algunos instrumentos heteroaplicados o de hetero-evaluación es decir son escalas en las que el evaluador es quien pregunta a la persona evaluada por cada uno de los ítems y los evalúa de acuerdo a la respuesta obtenida. Es indispensable complementar estos instrumentos con la entrevista clínica. Deben complementarse tras realizar la entrevista clínica y precisan niveles elevados de formación y experiencia. Las escalas autoevaluables o cuestionarios pueden ser leídas por el entrevistador o por el propio paciente, pero es éste último el que elige cuál de los ítems refleja mejor su estado. A continuación se presentan algunas más utilizadas por los profesionales de la salud.

5.1 Escala de Ideación Suicida elaborada por Beck.

Descripción

La Escala de Ideación Suicida (Scale for Suicide Ideation, SSI) es una escala heteroaplicada, elaborada por Beck (1979) para cuantificar y evaluar la intencionalidad suicida, o grado de seriedad e intensidad con el que alguien pensó o está pensando suicidarse. No se han realizado estudios de validación en nuestro país y sólo disponemos de algunas adaptaciones o traducciones al castellano.

Existe también una versión autoadministrada, de menor difusión y de la que no conocemos adaptación al castellano.

Es una escala de 19 items que debe ser complementada por el terapeuta en el transcurso de una entrevista semi-estructurada. Las adaptaciones al castellano la presentan dividida en varias secciones que recogen una serie de características relativas a:

- Actitud hacia la vida/muerte
- Pensamientos o deseos suicidas
- Proyecto de intento de suicidio
- Realización del intento proyectado

Y añaden una quinta sección, con dos items, en la que se indaga sobre los antecedentes de intentos previos de suicidio. Estos dos ítems tienen un valor meramente descriptivo, ya que no se contabilizan en la puntuación global de la escala.

Para cada ítem hay tres alternativas de respuesta que indican un grado creciente de seriedad y/o intensidad de la intencionalidad suicida.

Hay dos formas de aplicar la escala, una referida al momento presente y otra referida al peor momento de la vida del paciente, es decir, al momento de mayor crisis, que puede coincidir con el actual o ser un acontecimiento ya pasado; en este último caso, la entrevista debe ser retrospectiva.

Interpretación

El entrevistador selecciona, para cada ítem, el nivel de intensidad/seriedad que mejor refleje las características de la ideación suicida.

Calificación	Interpretación
En los casos de que los ítems 4 y 5=0 para ambos	Es indicativo de la inexistencia de intencionalidad suicida y no procede continuar aplicando la escala.
Cada ítem se puntúa de 0-2,	

La puntuación total de la escala = la suma de los valores asignados a los 19 primeros ítems.	
Ítems 20 y 21 tienen solo valor descriptivo y no se tienen en cuenta para la puntuación total.	
Rango de la puntuación total es de 0-38.	
Una puntuación igual o mayor que 1	Es indicativa de riesgo de suicidio a mayor puntuación mayor riesgo de suicidio.

Esta escala puede ser un instrumento útil en la investigación, tanto como variable clasificatoria, al permitir distinguir entre individuos que varían en su grado de ideación suicida, como de variable dependiente, posibilitando cuantificar el cambio producto del tratamiento. En la práctica clínica, permite la cuantificación y agrupación de los datos del paciente respecto a sus pensamientos suicidas y puede servir de ayuda en la valoración clínica de la conducta suicida.

El valor de esta escala es limitado, ya que se sabe poco sobre las causas y los patrones de transición de la ideación suicida al intento de suicidio y del intento de suicidio al suicidio o sobre los factores que precipitan estas transiciones o que protegen frente a ellas. La ideación suicida es un elemento más a considerar en la valoración del riesgo suicida, en la que el juicio clínico juega un papel determinante; por tanto, el resultado de esta escala no debe ser utilizado como único criterio en esa valoración.

Por sus características, no es útil en estudios epidemiológicos o de cribado, donde se tiende a utilizar cuestionarios más simplificados. Tampoco es útil para evaluar la seriedad de la intencionalidad suicida en los casos de tentativa de suicidio, donde deben aplicarse otras escalas.

Propiedades Psicométricas

En el estudio sobre fiabilidad realizado por los autores sobre una muestra de sujetos hospitalizados, se obtuvo una consistencia interna alta (coeficiente alfa de Cronbach de 0.89) y una fiabilidad ínter examinador de 0.83. Este y otros estudios apoyan la validez de constructo, validez concurrente y capacidad discriminativa de la escala.

En un estudio prospectivo de 4 años de duración con 3700 pacientes en tratamiento psiquiátrico, la ideación suicida en el momento peor o de mayor crisis en la vida del paciente identificó mejor el riesgo suicida (Odds Ratio: 13.8), que la ideación suicida en el momento actual (OR: 5.4) y que la Escala de Desesperanza de Beck (OR: 6.4).

Escala de Ideación Suicida (Scale for Suicide Ideation, SSI) elaborada por Beck.

Nombre_____**Fecha**_____

Seleccionar para cada ítem la puntuación que mejor defina las características del paciente.				
I.- CARACTERÍSTICAS DE LA ACTITUD HACIA LA VIDA / MUERTE.				
1.	**Deseo de vivir.**	Moderado a intenso	Débil	Ninguno
2.	**Deseo de morir.**	Moderado a intenso	Débil	Ninguno
3.	**Razones para vivir / morir.**	Las razones para vivir son superiores a las de morir	Iguales	Las razones para morir son superiores a las de vivir
4.	**Deseo de realizar un intento activo de suicidio.**	Moderado a intenso	Débil	Ninguno

5.	Intento pasivo de suicidio.	Tomaría precauciones para salvar su vida	Dejaría su vida / muerte en manos del azar (por ej.: cruzar descuidadamente unacalle muy transitada).	Evitaría los pasos necesarios para salvar o mantener su vida (por ej.: un diabético que deja de tomar la insulina).
II.- CARACTERÍSTICAS DE LOS PENSAMIENTOS / DESEOS SUICIDAS.				
6.	Dimensión temporal: duración.	Breve, períodos pasajeros	Períodos más largos	Continuo (crónico) o casi continuo
7.	Dimensión temporal: frecuencia.	Rara, ocasional	Intermitente	Persistente o continuo
8.	Actitud hacia el pensamiento / deseo.	Rechazo	Ambivalencia, indiferencia	Aceptación
9.	Control sobre la acción del suicidio o el deseo de llevarlo a cabo.	Tiene sensación de control	No tiene seguridad de control	No tiene sensación de control
10.	Factores disuasorios del intento activo. El terapeuta debe anotar cuáles son (ej.: familia, religión, posibilidad de quedar seriamente lesionado si fracasa el intento, irreversibilidad).	No intentaría el suicidio debido a algún factor disuasorio	Los factores disuasorios tienen cierta influencia	Influencia mínima o nula de los factores disuasorios
Si existen factores disuasorios, indicarlos:				

DRA. MARÍA ESTHER BARRADAS ALARCÓN

11.	**Razones del proyecto de intento.**	Manipular el medio, atraer atención, venganza	Combinación de ambos	Escapar, acabar, resolver problemas

III.- CARACTERÍSTICAS DEL PROYECTO DE INTENTO.

12.	**Método: especificación / planes.**	No los ha considerado	Los ha considerado, pero sin detalles específicos	detalles están especificados / bien formulados
13	**Método: accesibilidad / oportunidad.**	Método no disponible; no hay oportunidad	El método llevaría tiempo / esfuerzo; la oportunidad no es accesible fácilmente. Método y oportunidad accesible	Oportunidades o accesibilidad futura del método proyectado
14.	**Sensación de "capacidad" para llevar a cabo el intento.**	No tiene coraje, demasiado débil, temeroso, incompetente	Inseguro de su coraje, competencia	Seguro de su competencia, coraje
5.	**Expectativas / anticipación de un intento real.**	No	Incierto, no seguro	Sí

IV.- REALIZACION DEL INTENTO PROYECTADO

16.	**Preparación real.**	Ninguna	Parcial (ej.: empezar a recoger píldoras)	Completa (ej.: tener las píldoras, la navaja, la pistola cargada)
17.	**Notas acerca del suicidio.**	No escribió ninguna nota	Empezada pero no completada; solamente pensó en dejarla	Completada

18.	**Preparativos finales ante la anticipación de la muerte** (ej.: seguro, testamento, donaciones).	Ninguno	Pensamientos de dejar algunos asuntos arreglados	Hacer planes definitivos o dejarlo todo arreglado
19.	**Engaño / encubrimiento del intento proyectado** (se refiere a la Comunicación de su idea al terapeuta).	Reveló estas ideas abiertamente	Fue reacio a revelarlas	Intentó engañar, encubrir, mentir
	V.- FACTORES DE FONDO.			
20.	**Intentos previos de suicidio.**	Ninguno	Uno	Más de uno
21.	**Intención de morir asociada al último intento.**	Baja	Moderada; ambivalente, insegura	Alta

5.2 SAD PERSONS Scale de Patterson y Cols.

La SAD PERSONS Scale fue diseñada por Patterson y cols, con objeto de disponer de un instrumento sencillo que pudiera valorar la necesidad de ingreso hospitalario de aquellos pacientes con un riesgo elevado de llevar a cabo un intento de suicidio.

El nombre de la escala es un acrónimo en inglés de los principales factores de riesgo de suicidio: Sex (sexo), Age (Edad), Depresión.

Consta de 10 ítems: sexo (varón), edad (menor de 19 ó mayor de 45 años), depresión, intentos previos de suicidio, abuso de alcohol, trastornos cognitivos, bajo soporte social, plan organizado de suicidio, no pareja estable y enfermedad somática. La presencia de cada uno de estos ítems se valora con un punto. La puntuación totales la suma de todos ellos. Existe una versión para niños.

Interpretación

El propósito de la escala es disponer de un instrumento rápido y sencillo de aplicar y recordar para la valoración del riesgo de suicidio y consecuentemente de la pertinencia de aconsejar el ingreso hospitalario de estos pacientes. Según sus autores, debería incluirse en los programas de formación médica por su sencillez.

Respecto a los elementos de la escala: el sexo masculino se considera factor de riesgo, ya que aunque las mujeres realizan tres veces más intentos de suicidio que los hombres, éstos concluyen con resultado de muerte tres veces más que las mujeres. La edad presenta una distribución bimodal, con mayor riesgo por encima de los 45años y por debajo de los 19.

Tres o más puntos deben hacer pensar en la posibilidad de ingreso hospitalario y por encima de 6 puntos debería llevarse a cabo, incluso sin el consentimiento del paciente.

No todos los autores coinciden en esta interpretación de los resultados, llegando a desaconsejar la utilización de puntos de corte estricto en la valoración de los criterios de ingreso, ya que según algunos estudios esta escala infravalora el riesgo de suicidio. En un intento de paliar estas limitaciones se ha propuesto una modificación de la escala (MSPS) en la que a cuatro de los ítems de la misma se les asigna un peso de 2 puntos.

- **Propiedades psicométricas.**

  - **Validez.**

En el estudio original se valoró la escala estableciendo unos valores de 3 y 5 puntos para considerar riesgo bajo y alto de suicidio. Se seleccionaron dos grupos de estudiantes de medicina a los que se les hizo visualizar unos videos de pacientes con riesgo de suicidio. Uno de los grupos utilizó la escala y el otro no. En todos los casos se encontraron diferencias estadísticamente significativas a favor del grupo que utilizó la escala.

En cualquier caso, sería preciso establecer los adecuados valores psicométricos de la escala.

SAD PERSONS Scale de Patterson y Cols.

Nombre _____ Fecha _____			
	Ítems	SI	NO
1.	Varón		
2.	Menor de 19 años o mayor de 45 años		
3.	Depresión		
4.	Intentos de suicidio previos		
5.	Abuso de alcohol		
6.	Trastornos cognitivos		
7.	Bajo soporte social		
8.	Plan organizado de suicidio		
9.	Pareja estable		
10.	Enfermedad somática		
	PUNTUACIÓN		

5.3 Escala de Intencionalidad Suicida fue diseñada por Beck y cols

DESCRIPCIÓN

La escala de Intencionalidad Suicida fue diseñada por Beck y cols[1]. Su objetivo es evaluar las características de la tentativa suicida (circunstancias en que se produjo, actitud ante la vida y la muerte, pensamientos y conductas alrededor del episodio suicida, consumo de alcohol y otras circunstancias relacionadas.

Se trata de un instrumento heteroaplicado. Se recomienda su utilización en personas que han ensayado una tentativa de suicidio. Consta de 20 ítems, valorados en una escala de 3 puntos (de 0 a2). Está formada por tres partes:

- Parte objetiva: items 1 a 8 y explora las circunstancias objetivas relacionadas con la tentativa de suicidio.
- Parte subjetiva: items 9 a 15. Valora las expectativas durante la tentativa.
- Otros aspectos: items 16 a 20.

La puntuación total es la suma de las puntuaciones de los items 1 a 15 (los cinco últimos no puntúan).

La versión que presentamos es la recogida por Bobes y cols[2].

INTERPRETACIÓN

La Escala se ha utilizado tanto en adultos, como en adolescentes[3]. Su utilidad consiste en valorar la seriedad del intento suicida y analizar el riesgo subsecuente de nuevos intentos suicidas.

Se ha puesto en duda[4] su validez para predecir el riesgo de nuevos intentos suicidas, aunque otros autores[5] han sugerido su capacidad para identificar riesgo de suicidio en los dos años siguientes a un intento no fatal.

Los autores no proponen puntos de corte. A mayor puntuación, mayor gravedad. Se observan puntuaciones medias más altas (7,6) en casos de suicidios llevados a término, que en casos de intentos frustrados (5,7)[6]. Los pacientes que no realizan un nuevo intento de suicidio en el plazo de un año tienen valores en el total de la escala (ítems 1 a 15) menores que aquellos que realizan un nuevo intento (12,4 frente a 15,5). Este dato avala su empleo para valorar el riesgo de nuevo intento de suicidio[6].

PROPIEDADES PSICOMÉTRICAS

Fiabilidad:

La fiabilidad interobservador de los 8 primeros ítems de la escala es de 0,91. Su consistencia interna (alfa de Cronbach) es elevada (0,82).

En adolescentes[3] la consistencia interna para los 15 primeros ítems es de 0,85 (0,60 para los 8 primeros y 0,85 para los restantes). La correlación de la puntuación total con cada uno de los ítems es significativa, salvo para el 8.

Validez:

El análisis factorial ha puesto de manifiesto la existencia de tres factores principales en la construcción de la escala: expectativa de resultado, conductas de aislamiento y actividades de planificación.

Ha mostrado correlaciones positivas con escalas similares[3], como Suicide Ideation Questionnaire[7], Reynolds Adolescent Depresión Scale[8] y Hopelessness Scale for Children[9].

Escala de Intencionalidad Suicida fue diseñada por Beck y cols

I. Circunstancias objetivas

1.- Aislamiento:

- O   Alguien presente
- O   Alguien próximo o en contacto visual o verbal (ej. teléfono)
- O   Nadie cerca o en contacto

2.- Medición del tiempo:

- O   La intervención es muy probable
- O   La intervención es poco probable
- O   La intervención es altamente improbable

3.- Precauciones tomadas contra el descubrimiento y/o la intervención de otras personas:

- O   Ninguna
- O   Toma precauciones pasivas (ej. evita a los otros, pero no hace nada para prevenir su intervención, estar solo/a en la habitación, pero con la puerta sin cerrar)
- O   Toma precauciones activas (ej. cerrando la puerta)

4.- Actuación para conseguir ayuda durante o después del intento:

- O   Avisó a alguien que potencialmente podía prestarle ayuda
- O   Colaborador potencial contactado, pero no específicamente avisado
- O   No contactó, ni avisó a nadie

5.- Actos finales en anticipación de la muerte (legado, testamento, seguro…)

- O Ninguno
- O Preparación parcial, evidencia de alguna preparación o planificación para la tentativa
- O Hizo planes definitivos o terminó los arreglos finales

6.- Preparación activa del intento:

- O Ninguna
- O Mínima o moderada
- O Importante

7.- Nota suicida:

- O Ninguna
- O Nota escrita, pero rota, no terminada, pensó escribirla
- O Presencia de nota

8.- Comunicación verbal (ideas, preocupaciones o planes suicidas)

- O No comunicación verbal
- O Comunicación ambigua (ej. "Estoy cansado dela vida", "Pienso estáis mejor sin mí", "Nada tiene obteto")
- O Comunicación no ambigua (ej. "Quiero morir", "Siento como si quisiera matarme", "Tomar pastillas")

II. Autoinforme:

9.- Propósito supuesto del intento:

- O Manipular a los otros, efectuar cambios en el entorno, conseguir atención, venganza.

DRA. MARÍA ESTHER BARRADAS ALARCÓN

O Componentes del punto anterior y del siguiente
O Escapar de la vida, buscar finalizar de forma absoluta, buscar solución irreversible a los problemas

10.- Expectativas sobre la probabilidad de muerte:

O Pensó que era improbable
O Posible, pero no probable
O Probable o cierta

11.- Concepción de la letalidad del método:

O Hizo menos de lo que pensaba que sería letal
O No estaba seguro silo que hacía era letal
O Igualó o excedió lo que pensaba que sería mortal

12.- Seriedad del intento:

O No intentó seriamente poner fin a su vida
O Inseguro
O Intentó seriamente poner fin a su vida

13.- Actitud ante el vivir / morir:

O No quería morir
O Componentes del punto anterior y del siguiente
O Quería morir

14.- Concepción de la capacidad de salvamento médico:

O Pensó que la muerte sería improbable si recibía atención médica
O Estaba inseguro si la muerte podía ser impedida por la atención médica
O Seguro de morir aunque recibiese atención médica

15.- Grado de premeditación:

O Ninguno, impulsivo
O Suicidio contemplado por 3 horas antes del intento
O Suicidio contemplado por > 3 horas antes del intento

III Otros Aspectos:

16.- Reacción frente al intento:

O Arrepentido/a de haber hecho el intento. Sentimientos de ridículo, vergüenza
O Acepta tanto el intento como su fracaso
O Rechaza el fracaso del intento

17.- Preconcepciones de la muerte:

O Vida después de la muerte, reunión con fallecidos
O Sueño interminable, oscuridad, final de las cosas
O No concepciones de / o pensamientos sobre la muerte

18.- Número de intentos de suicidio previos:

O Ninguno
O 1 ó 2
O 3 ó más

19.- Relación entre ingesta de alcohol e intento:

O Alguna ingesta previa, pero sin relación con el intento, lo informado era insuficiente para deteriorar la capacidad de juicio, evaluando la realidad
O Ingesta suficiente para deteriorar la capacidad de juicio, evaluando la realidad y disminuyendo la responsabilidad

DRA. MARÍA ESTHER BARRADAS ALARCÓN

O   Ingesta intencional de alcohol para facilitar llevar a cabo el intento

20.- Relación entre ingesta de drogas e intento (narcóticos, alucinógenos,...) cuando la droga NO es el método utilizado para el intento:

O   Alguna ingesta previa, pero sin relación con el intento, lo informado era insuficiente para deteriorar la capacidad de juicio, evaluando la realidad
O   Ingesta suficiente para deteriorar la capacidad de juicio, evaluando la realidad y Disminuyendo la responsabilidad
O   Ingesta intencional de drogas para facilitar llevar a cabo el intento

PUNTUACIÓN:

5.4 Escala de Evaluación para la Depresión de Hamilton (Hamilton Depression Rating Scale, o HRSD) (5 dimensiones).

La Escala de Evaluación para la Depresión de Hamilton (Hamilton Depression Rating Scale, o HRSD) fue diseñada para ofrecer una medida de la intensidad o gravedad de la depresión. La versión inicial, con 24 items, data de 1960 y fue posteriormente revisada y modificada por el mismo autor, en 1967, reduciéndola a 21 ítems. De ellos, los cuatro últimos no son útiles a efectos de valorar la intensidad o gravedad de la depresión, por lo que en los ensayos clínicos de evaluación terapéutica se ha generalizado el uso de una versión reducida de 17 ítems, que corresponden a los 17 primeros de la versión publicada en 1967.

La versión de 21 ítems fue adaptada al castellano por Conde y cols en 1984, quien introdujo un ítem final para valoración de otros síntomas, por lo que consta de 22 ítems. Ramos-Brieva y Cordero (1986) adaptaron al castellano y validaron la versión reducida de 17 ítems.

En su versión original es una escala heteroaplicada y calificada por el observador y no un listado de comprobación de síntomas en el que cada ítem tiene una definición estricta. Debe ser complementada por un terapeuta experimentado al final de una entrevista clínica que, al menos en la primera evaluación, debería ser poco dirigida; en ella puede recabarse información adicional de personas allegadas al paciente. Cada ítem se evalúa con un baremo de 3 (ausente, dudoso o trivial, presente) o 5 posibilidades (ausente, dudoso o trivial, leve, moderado, grave), en función de la intensidad de los síntomas que presenta el paciente; los criterios de puntuación de los ítems están poco especificados, contando sólo con indicaciones someras, y debe ser el juicio clínico del entrevistador quien asigne el grado de severidad. El marco temporal de la evaluación se refiere al momento actual y/o los días o semana previa.

De los 21 ítems de la versión original, cuatro no están relacionados con la intensidad de la alteración del estado de ánimo (variación diurna, despersonalización, pensamiento paranoide y síntomas obsesivo-compulsivos), pero pueden ser utilizables en circunstancias especiales. La adaptación al castellano de Conde y Franch mantiene estos cuatro ítems, y añade un quinto referido a "Otros síntomas". Tiene, además, dos peculiaridades no explicadas: en el ítem 9 (Agitación) mantiene el rango de valoración de la versión inicial de la escala, que es de 0-2, rango que Hamilton modifica en la versión de 1967, ampliándolo a 0-4; y en el ítem 14 (Síntomas genitales) añade un tercer nivel de valoración ("Incapacitante"), con lo que este ítem pasa a tener un rango de 0-3, frente al rango 0-2 de las versiones originales de la escala.

La versión de 17 ítems o versión americana por haber sido recomendada por el Instituto Nacional de Salud Mental de los Estados Unidos, omite estos cuatro ítems y sistematiza los criterios de evaluación de cada ítem al modo de un listado de comprobación de síntomas, en un esfuerzo por mejorar su definición.

DRA. MARÍA ESTHER BARRADAS ALARCÓN

Su contenido se centra fundamentalmente en los aspectos somáticos y comportamentales de la depresión, siendo los síntomas vegetativos, cognitivos y de ansiedad los que más peso tienen en el cómputo total de la escala. Se han identificado distintos factores o índices, de los que los más usados son:

- *Índice de melancolía*, formado por los ítems 1 (estado de ánimo depresivo), 2 (sensación de culpabilidad), 7 (trabajo y actividades), 8 (inhibición), 10 (ansiedad psíquica) y 13 (síntomas somáticos generales).
- *Índice de ansiedad*, formado por los ítems 9 (agitación), 10 (ansiedad psíquica) y 11 (ansiedad somática).
- *Índice de alteraciones del sueño*, formado por los tres ítems referidos a insomnio (4, 5, 6).

- **Interpretación**

Cada ítem se valora de 0 a 2 puntos en unos casos y de 0 a 4 en otros, eligiendo la puntuación que mejor se ajuste a la sintomatología que presenta el paciente. La puntuación total de la escala es la suma de las puntuaciones asignadas a cada uno de los ítems, con la salvedad de que en la versión de 21 ítems el criterio más extendido es tomar en consideración a efectos de score sólo los 17 primeros items. Por tanto, el rango de puntuación para ambas versiones es de 0-52 puntos.

En sentido estricto no tiene puntos de corte, ya que es una escala que no tiene finalidad diagnóstica y su utilidad se centra en "cuantificar" la sintomatología depresiva en pacientes ya diagnosticados de depresión. Como criterio de inclusión en ensayos clínicos se suele aceptar los puntos de corte ≥ 13o ≥ 18, en dependencia de los objetivos del estudio. A efectos de categorizar la intensidad / severidad del trastorno depresivo existen distintas propuestas, de las que recogemos las siguientes:

Vázquez C. (1995)		Bech P. (1996)	
Rango	Interpretación	Rango	Interpretación
0-6	Sin Depresión	0-7	Sin Depresión
7-17	Depresión ligera	8-12	Depresión menor
18-24	Depresión moderada	13-17	Menos que Depresión mayor
25-52	Depresión grave	18-29	Depresión mayor
30-52	Más que Depresión mayor		

Dentro de la puntuación total, pueden desagregarse las puntuaciones parciales correspondientes a los factores en ella identificados. Entre ellos, el mejor establecido es el ya citado índice de melancolía, que cuantifica los ítems más directamente relacionados con la alteración del estado de ánimo y para el que Bech P. propone los siguientes puntos de corte:

Rango	Interpretación
0 – 3	No depresión
4 – 8	Depresión menor
≥ 9	Depresión mayor

Un segundo índice útil para evaluar los cambios en el perfil sintomático del cuadro depresivo es el índice "ansiedad / somatización" (formado por los ítems 10, 11, 12, 13, 15, y 17), que cuantifica los niveles de ansiedad, considerados altos a partir de una puntuación ≥ 7.

Para evaluar los cambios en la evolución del cuadro clínico se comparan los resultados pre-tratamiento con los obtenidos en visitas posteriores. En los ensayos clínicos el criterio más usualmente utilizado para definir la respuesta terapéutica es la reducción del 50 % en la puntuación post-tratamiento en relación a la puntuación basal o inicial; la remisión se define por una puntuación post-tratamiento ≤ 7 / ≤ 8

Se ha cuestionado su validez de contenido, por el escaso peso que en ella tienen los síntomas directamente relacionados con la alteración del estado de ánimo y por la presencia de ítems cuya relación con la

DRA. MARÍA ESTHER BARRADAS ALARCÓN

depresión es cuestionable, (por ej. la falta de *insight*). El elevado peso que tienen en la puntuación final los síntomas somáticos puede prestarse a confusión en pacientes geriátricos o en pacientes con enfermedad física concomitante, y algunos síntomas (insomnio, pérdida de peso, problemas gastrointestinales, disminución de la libido,...) pueden verse influenciados por los efectos secundarios de los fármacos antidepresivos u otra medicación concomitante. Su validez para distinguir entre depresión y ansiedad como dimensiones psicopatológicas independientes es escasa. También se ha señalado su menor sensibilidad para apreciar cambios en los pacientes graves, en los que podría ser más adecuada la escala de Montgomery-Asberg.

Requiere una estandarización previa, ya que los criterios de evaluación de cada ítem no se especifican de forma detallada, y presenta también dificultades en diferenciar intensidad y frecuencia en algunos ítems. Esto ha dado origen a numerosas versiones o adaptaciones que han generado cierta confusión sobre su empleo.

- **Propiedades psicométricas**

Fiabilidad:

En sus dos versiones, esta escala posee una buena consistencia interna (alfa de Cronbach entre 0,76 y 0,92, según estudios). El coeficiente de correlación intra clases es de 0,92 en un estudio llevado a cabo por Pott. La fiabilidad interobservador oscila, según autores, entre 0,65 y 0,9.

Validez:

Su correlación con otros instrumentos de valoración global de la depresión, como la Escala de Depresión de Montgomery-Asberg, el Inventario de Sintomatología Depresiva y Escala de Melancolía de Bech, oscila entre 0,8 y 0,9.

Su validez no es la misma en todas las poblaciones, siendo menor en pacientes de edad superior por el elevado peso de los síntomas somáticos, aunque ha mostrado buenos índices psicométricos en subpoblaciones de especiales características, tales como pacientes alcohólicos y pacientes con demencia y mantiene un buen rendimiento en población geriátrica.

Posee buena sensibilidad para detectar cambios en el estado clínico del paciente depresivo en relación al tratamiento, aunque se ha sugerido que sería más sensible a los cambios acontecidos en los síntomas de ansiedad que en los de depresión. Similares resultados se han obtenido en el estudio de validación de la versión española.

El índice de melancolía, o subescala formada por los ítems arriba citados, ha mostrado una muy estrecha correlación con la versión completa de la escala, y una sensibilidad al cambio terapéutico similar a ésta y similar también a la escala de Montgomery-Asberg.

Escala de Evaluación para la Depresión e Hamilton (Hamilton Depression Rating Scale, o HRSD) (5 dimensiones).

Nombre_____Fecha _____

Seleccionar para cada ítem la puntuación que mejor defina las características del paciente.

1.- Estado de ánimo deprimido (Tristeza, llanto, retraimiento, melancólico, contenidos depresivos del pensamiento y pérdida de la capacidad de reacción a estímulos placenteros.)	0. Ausente 1. Ligero: actitud melancólica; el paciente no verbaliza necesariamente el descenso de su estado de ánimo. Estas sensaciones las expresa solamente si le preguntan **cómo** se siente 2. Moderado: llanto ocasional; apatía; pesimismo; desmotivación. Estas sensaciones las relata espontáneamente 3. Intenso: llanto frecuente (o ganas); introversión; rumiaciones depresivas; pérdida del gusto por las cosas. Sensaciones no comunicadas verbalmente (expresión facial, postura, voz, tendencia al llanto 4. Extremo: llanto muy frecuente (o ganas); frecuente tendencia al aislamiento; contenidos depresivos exclusivos en el pensamiento o la comunicación verbal; pérdida de la capacidad de reacción a estímulos placenteros. Manifiesta estas sensaciones en su comunicación verbal y no verbal en forma espontánea
2.- Sentimientos de culpa	0. Ausente 1. Ligero: auto reproches; teme haber decepcionado a la gente. Se culpa a sí mismo, cree haber decepcionado a la gente 2. Moderado: ideas de culpabilidad; sentimientos de ser mala persona, de no merecer atención. Tiene ideas de culpabilidad o medita sobre errores pasados o malas acciones 3. Intenso: Siente que la enfermedad actual es un castigo; meditación sobre errores, malas acciones o pecados del pasado; merece los sufrimientos que padece. 4. Extremo: ideas delirantes de culpa, con o sin alucinaciones acusatorias. Oye voces acusatorias o de denuncia y/o experimenta alucinaciones visuales de amenaza

3. Suicidio.	0. Ausente.
	1. Ligero: la vida no vale la pena de ser vivida.
	2. Moderado: desearía estar muerto o piensa en la posibilidad de morirse.
	3. Intenso: ideas o amenazas suicidas
	4. Intentos de suicidio (cualquier intento serio)

4.- Insomnio inicial. (precoz) (Si toma hipnóticos y no puede evaluar, puntúe 1)	0. Ausente. (No tiene dificultad)
	1. Dificultad ocasional para dormir: tarda en dormir por ej. más de media hora el conciliar el sueño (menos de tres noches por semana.
	2. Frecuente: Dificultad para dormir cada noche., tarda en dormir más de una hora (tres o más noches seguidas por semana).

5.- Insomnio medio. (Si toma hipnóticos y no puede evaluar, puntúe 1)	0. Ausente.(No hay dificultad)
	1. Ocasional: Esta desvelado e inquieto o se despierta varias veces durante la noche
	Está inquieto durante la noche; si se despierta, tarda casi una hora en dormirse de nuevo (menos de tres noches por semana.
	2. Frecuente: está despierto durante la noche, cualquier ocasión de levantarse de la cama se clasifica en (excepto para evacuar), dificultades para volver a conciliar el sueño; o necesidad de fumar o leer tras despertarse, debe puntuar 2 (tres o más noches seguidas por semana).

6.- Insomnio tardío. (Si toma hipnóticos y no puede evaluar, puntúe 1)	0. Ausente.(No hay dificultad)
	1. Ocasional: Se despierta a primeras horas de la madrugada, pero se vuelve a dormir
	se despierta antes de lo habitual (menos de dos horas antes; menos de tres días por semana).
	2. Frecuente: No puede volver a dormirse si se levanta de la cama, se despierta dos o más horas antes de lo habitual (tres o más días seguidos por semana).

DRA. MARÍA ESTHER BARRADAS ALARCÓN

7.	**Trabajo y actividades.**	0. Ausente.(No hay dificultad)
		1. Ligero: ideas o sentimientos de incapacidad o desinterés. Distinguir de la fatiga o pérdida de energía, que se puntúan en otro apartado
		2. Moderado: falta de impulso para desarrollar las actividades habituales, las aficiones o el trabajo (sí el paciente no lo manifiesta directamente, puede deducirse por su desatención, indecisión o vacilación ante el trabajo y otras actividades). Pérdida de interés en su actividad (disminución de la atención, indecisión y vacilación)
		3. Disminución del tiempo actual dedicado a actividades o disminución de la productividad
		4. Dejó de trabajar por la presente enfermedad. Solo se compromete en las pequeñas tareas, o no puede realizar estas sin ayuda.
8.-	**Inhibición psicomotora** (Lentitud de pensamiento y del lenguaje; peor capacidad de concentración; disminución de la actividad motora).	0. Ausente.(Es decir sus Palabra y pensamiento son normales)
		1. Ligera: ligera inhibición durante la entrevista Ligero retraso en el habla; sentimientos ligeramente embotados; facies inexpresiva.
		2. Moderada: evidente inhibición durante la entrevista, Evidente retraso en el habla (voz monótona, tarda en contestar a las preguntas).
		3. Intensa: entrevista difícil y prolongada, Dificultad para expresarse; lentitud de movimientos y al caminar.evidente descenso del tiempo dedicado a sus actividades; descenso de su eficacia y/o productividad. En el hospital se puntúa 3 si el paciente no dedica por lo menos 3 horas al día a actividades (trabajo hospitalario o distracciones) ajenas a las propias de la sala. Notable desatención del aseo personal
		4. Extrema: Incapacidad para expresarse estupor depresivo completo; entrevista imposible. dejó de trabajar por la presente enfermedad. No se asea o precisa gran estímulo para ello. En el hospital se puntúa 4 si el paciente no se compromete en otras actividades más que a las pequeñas tareas de la sala o si se precisa de gran estímulo para que realice las pequeñas. Estupor completo.

9.- Agitación	0	Ninguna.
	1	Juega con las manos, cabello, etc.
	2	Se frota las manos, las uñas, se jala el cabello, se muerde los labios.
10.- Ansiedad psíquica preocupaciones sobre trivialidades (que no son rumiaciones depresivas), fobias, crisis de ansiedad, etc.	0	No hay dificultad.
	1	Tensión subjetiva e irrtabilidad.
	2	Se preocupa por asuntos menores.
	3	Aparente actitud aprehensiva en el rostro o en el habla. Temores expresados sin preguntárselo.Extrema: crisis de ansiedad observadas; la ansiedad forma la mayor parte del contenido de su comunicación espontánea verbal o no verbal.

11.- Ansiedad somática Signos fisiológicos concomitantes de la ansiedad, tales como: gastrointestinales (pesadez de estómago, retortijones, diarrea, boca seca, flatulencia, diarrea, eructos); cardiovasculares (palpitaciones, desmayos, sofocos, dolor o malestar precordial); respiratorios (hiperventilación, suspiros, ahogos, dificultad para respirar); aumento de la frecuencia urinaria; sudoración; tensión muscular, temblores, tinnitus; vértigos; visión borrosa; etc.	0. Ausente.
	1. Ligera: un solo síntoma o un síntoma dudoso, o varios síntomas de un mismo sistema.
	2. Moderada: varios síntomas de distintos sistemas.
	3. Intensa: múltiples síntomas de varios sistemas simultáneamente.
	4. Extrema: numerosos síntomas persistentes e incapacitantes la mayor parte de las veces.

12.- Síntomas somáticos gastrointestinales.	0.	Ausente.
	1.	Ligero: pérdida de apetito, pero come sin necesidad de que lo estimulen. Sensación de pesadez en el abdomen.
	2.	Intenso: pérdida de apetito y no come aunque se le estimule o precisa de gran estímulo para comer; precisa o solicita laxantes o medicación para sus síntomas gastrointestinales.
13.- Síntomas somáticos generales.	0.	Ausente.
	1.	Ligero: fatigabilidad, pérdida de energía; pesadez en extremidades, espalda o cabeza; dorsalgias, cefalea, algias musculares.
	2.	Intenso: fatigabilidad y pérdida de energía la mayor parte del tiempo; cualquier síntoma somático bien definido o expresado espontáneamente se clasifica en 2.
14.- Síntomas genitales Pese a su dificultad, su evaluación debe intentarse siempre. Tomar nota de los cambios Asociados claramente con la enfermedad.	0.	Ausente o información inadecuada o sin información (emplear lo menos posible estas dos últimas).
	1.	Ligero: descenso de la libido; actividad sexual alterada (inconstante, poco intensa).
	2.	Intenso: pérdida completa de apetito sexual; impotencia o frigidez funcionales.
15.- Hipocondría. Valorar el síntoma que aparece o aumenta asociado a la depresión.	0.	Ausente.
	1.	Ligera: alguna preocupación por las funciones corporales y por síntomas orgánicos.
	2.	Moderada: muy preocupado y atento a síntomas orgánicos; piensa que tiene una enfermedad orgánica.
	3.	Intensa: fuerte convicción de padecer un trastorno orgánico que, para el paciente, justifica su situación actual (puede ceder temporalmente a la argumentación lógica); solicitud constante de ayudas, exploraciones, etc.
	4.	Extrema: ideas delirantes hipocondríacas.

16.- Pérdida de introspección.	0. Ausente: se da cuenta de que está deprimido y enfermo. 1. Ligera: reconoce su enfermedad, pero la atribuye a la mala alimentación, al clima, al exceso de trabajo, a una infección viral, a la necesidad de descanso, etc. 2. Intensa: niega que esté enfermo.
17.- Pérdida de peso En evaluaciones sucesivas, restar a la puntuación inicial 1 si gana 500 grs. / semana y 2 si gana 1 Kg/ semana).	0. Ausente 1. Ligera: probable pérdida de peso asociada a la enfermedad actual; pérdida superior a 500 grs. / semana o 2.5 Kg/año (sin dieta) 2. Intensa: pérdida de peso definida según el enfermo; pérdida superior al Kg/ semana o 4,5 Kg/año (sin dieta)

Calificación de la depresión de acuerdo al puntaje total:

0 – 7 Normal.

8 – 13 Leve.

14 – 18 Moderado.

19 – 22 Severo.

23 ó > Muy severo

TOTAL	
I melancolía	
I ansiedad/somatización:	
I ansiedad	
I alteración del sueño	

DRA. MARÍA ESTHER BARRADAS ALARCÓN

5.5 Escala de Riesgo Suicida fue diseñada por Plutchik

DESCRIPCIÓN

La Escala de Riesgo Suicida fue diseñada por Plutchik[1] con objeto de discriminar a los pacientes suicidas de aquellos que no lo son. Esta formada por una serie de variables que otros autores han relacionado con el suicidio. Es capaz de discriminar entre individuos normales y pacientes psiquiátricos con ideación autolítica.

En nuestro medio ha sido validada por Rubio y cols[2].

Se trata de un cuestionario autoadministrado de 15 preguntas, con respuesta SI-NO. Procede de una versión de 26 ítems. Cada respuesta afirmativa puntúa 1. El total es la suma de las puntuaciones de todos los items.

Las cuestiones están relacionadas con intentos autolíticos previos, la intensidad de la ideación autolítica actual, sentimientos de depresión y desesperanza y otros aspectos relacionados con las tentativas.

Resulta fácil y rápida de administrar (1-2minutos).

INTERPRETACIÓN

Admitiendo las dificultades que implica la detección de pacientes con riesgo suicida de una manera fiable, la escala resulta útil para distinguir en nuestro medio a pacientes con tentativas de suicidio o con antecedentes de ellas.

Algunos autores[3] consideran que la escala no es efectiva para discriminar la severidad del riesgo suicida y describen la escala como una medida del riesgo más que como un predictor de acciones futuras. Debemos decir que en este estudio se utilizó una muestra con unas características muy concretas (soldados israelíes que consultaban por ideas autolíticas.)

Los autores de la escala original proponen un punto de corte de 8 puntos (cuando utilizan la versión de 26 ítems), con una sensibilidad y especificidad del 68%.

En la validación española el punto de corte propuesto son 6 puntos. Sensibilidad de 74% y especificidad de 95% para distinguir entre controles y pacientes (tentativas de suicidio y trastornos dela personalidad). Con el mismo punto de corte la sensibilidad y especificidad son del 88% para discriminar entre sujetos con antecedentes de tentativa de suicidio frente a los que nunca habían realizado ninguna.

PROPIEDADES PSICOMÉTRICAS

Fiabilidad:

La consistencia interna de la escala original era de 0,84 (alfa de Cronbach).

En la validación española, era incluso superior 0,90.La fiabilidad test-retest tras 72 horas era de 0,89.

Validez:

En la escala original para un punto de corte de 8 (26 ítems) la sensibilidad y especificidad era del 68%.

En la validación española para un punto de corte de 6 la sensibilidad y especificidad era de 88% para discriminar entre sujetos con antecedentes de tentativas suicidas y aquellos que nunca las habían tenido.

El análisis factorial de la escala demuestra la existencia de 4 factores subyacentes principales.

La Escala de Riesgo Suicida de Plutchik (RS) es un instrumento autoaplicado diseñado para evaluar el riesgo suicida, que permite discriminar entre individuos normales y pacientes con tentativas de suicidio o con antecedentes de ellos. Consta de 15 ítems con respuesta dicotómica (si/no) que incluyen preguntas relacionadas con intentos suicidas previos, intensidad de la ideación suicida actual, sentimientos de depresión y desesperanza, y otros aspectos relacionados con el suicidio. Cada respuesta afirmativa puntúa 1 punto y cada respuesta negativa 0 puntos, de manera que las posibles puntuaciones totales presentan un rango entre 0 y 15. Los autores de la versión española proponen un punto de corte de 6 puntos, de manera que una puntuación superior a 6 indica riesgo suicida. Cuanto mayor sea la puntuación, mayor es el riesgo.

Escala de Riesgo Suicida fue diseñada por Plutchik

Identificación ………………………………….. **Fecha** …………..

Las siguientes preguntas tratan sobre cosas que usted ha sentido o hecho. Por favor, conteste cada pregunta simplemente con un "SI" o "NO".

	SI	NO
1.- ¿Toma de forma habitual algún medicamento, como aspirinas o pastillas para dormir?		
2.- ¿Tiene dificultades para conciliar el sueño?		
3.- ¿A veces nota que podría perder el control sobre sí mismo/a?		
4.- ¿Tiene poco interés en relacionarse con la gente?		
5.- ¿Ve su futuro con más pesimismo que optimismo?		
6.- ¿Se ha sentido alguna vez inútil o inservible?		
7.- ¿Ve su futuro sin ninguna esperanza?		
8.- Se ha sentido alguna vez tan fracasado/a que sólo quería meterse en la cama y abandonarlo todo?		
9.- ¿Está deprimido/a ahora?		

10.- ¿Está usted separado/a, divorciado/a, viudo/a?		
11.- ¿Sabe si alguien de su familia ha intentado suicidarse alguna vez?		
12.- ¿Alguna vez se ha sentido tan enfadado/a que habría sido capaz de matar a alguien?		
13.- ¿Ha pensado alguna vez en suicidarse?		
14.- ¿Le ha comentado a alguien, en alguna ocasión, que quería suicidarse?		
15.- ¿Ha intentado alguna vez quitarse la vida?		

!

5.6 Cuestionario - CDI

El Inventario de Depresión Infantil (CDI) mide los síntomas de la depresión en niños y adolescentes. Es un instrumento con un lenguaje fácil de leer y cuidadosamente planeado para su fácil comprensión, ya que está dirigido a un nivel escolar básico (Sood y Nirbhay, 1996) por lo que se puede aplicar desde los 7 años.

En el 2004 se elaboró la última versión del CDI en lenguaje español está constituido por 27 ítems, en cada uno de ellos se expresan tres frases que manifiestan, en distintas intensidades o frecuencias, la presencia de síntomas depresivos en el niño o el adolescente. El contenido de cada una de las preguntas del CDI cubren la mayor parte de los criterios utilizados para el diagnóstico de ladepresión infantil.

Por lo tanto, se espera que el resultado de este inventario nos arroje el nivel de depresión general.Además, tiene dos escalas adicionales que evalúan disforia y autoestima negativa (Kovacs, 2004).

Este Inventario puede aplicarse tanto a nivel individual como grupal. Se sugiere laaplicación individual cuando se trate de niños pequeños y cuando se trate de población clínica; no obstante, si lo que se pretende es investigar y e indagar casos se sugiere la aplicación grupal (screening).

Las siguientes son instrucciones del inventario:

1. Se pide a los participantes que escriban sus datos personales
2. El evaluador debe leer las instrucciones en voz alta, poniendo especial atención en que los niños pequeños atiendan y comprendan las instrucciones.

Materiales:

1. Hoja de respuestas
2. Un lápiz y un borrador

Tiempo de duración:

- La aplicación dura entre 10 y 20 minutos.

Calificación:

La calificación de cada ítem se hace con una escala de 0 a 2 puntos.

Interpretación:

Puntuación	Interpretación
0	Corresponde a la intensidad o frecuencia de aparición más baja del síntoma.
1	Corresponde a la intensidad o frecuencia media de aparición más baja del síntoma.
2	Corresponde a la mayor frecuencia e intensidad.

Puntuación directa de la escala de Disforia	
Se suman los puntajes de los ítems: 2, 3, 6, 11, 13, 14, 15, 19, 23, 24 y 26.	Estas puntuaciones directas serán transformadas en sus correspondientes percentiles.
Puntuación directa de la escala de Autoestima	
Se suman los puntajes de los ítems: 1, 4, 5, 7, 8, 9, 10, 12, 16, 17, 18, 20, 21, 22, 25 y 27.	
Suma de ambas=puntuación directa de depresión.	

Propiedades Psicométricas:

Confiabilidad

Consistencia interna. Para demostrar la consistencia interna del CDI en las versiones anteriores a la del 2004, se realizaron 24 estudios, entre 1978 y 2003, en diversos países como Kuwait, Egipto, Estados Unidos, Inglaterra, Italia y España; tanto con muestras clínicas como normales. Se ha obtenido resultados que en su mayoría indican que el instrumento es fiable, pues el Alfa de Cronbach varía entre 0.70 y 0.94, lo cual significa que entre el 70 y el 94 % de los puntajes observados es atribuible a un puntaje verdadero (Kovacs, 2004). Los estudios hechos en muestras españolas por Frías, Del Barrio y Mestre (1991, citados en Kovacs 2004), Del Barrio, Moreno y López (1999, 2001 citados en Kovacs), dan una confiabilidad a través del Alfa de Cronbach, entre 0.81 y 0.82. En la versión española del CDI (2004) se utilizó una muestra de 7, 759 varones y mujeres, con edades entre 7 y 15 años, encontrándose una confiabilidad por mitades de 0.79 y por Alfa de Cronbach de 0.80 los cuales son indicadores de un buen grado de confiabilidad.

CUESTIONARIO - CDI-

Nombre_____Sexo _____

Fecha de Nacimiento_____Edad:_____años____meses _____

Grado Escolar_____Escuela _____

Fecha de aplicación _____ Población

infantil de 7-17 años. Se trata de un cuestionario autoadministrado.

		SI	NO
1	Estoy triste de vez en cuando		
	Estoy triste muchas veces		
	Estoy triste siempre		
2	Nunca me saldrá nada bien		
	No estoy seguro de si las cosas me saldrán bien		
	Las cosas me saldrán bien		
3	Hago bien la mayoría de las cosas		
	Hago mal muchas cosas		
	Todo lo hago mal		
4	Me divierten muchas cosas		
	Me divierten algunas cosas		
	Nada me divierte		
5	Soy malo siempre		
	Soy malo muchas veces		
	Soy malo algunas veces		
6	A veces pienso que me pueden ocurrir cosas malas		
	Me preocupa que me ocurran cosas malas		
	Estoy seguro de que me van a ocurrir cosas terribles		
7	Me odio		
	No me gusta como soy		
	Me gusta como soy		
8	Todas las cosas malas son culpa mía		
	Muchas cosas malas son culpa mía		
	Generalmente no tengo la culpa de que ocurran cosas malas		

9	No pienso en matarme		
	Pienso en matarme pero no lo haría		
	Quiero matarme		
10	Tengo ganas de llorar todos los días		
	Tengo ganas de llorar muchos días		
	Tengo ganas de llorar de cuando en cuando		
11	Las cosas me preocupan siempre		
	Las cosas me preocupan muchas veces		
	Las cosas me preocupan de cuando en cuando		
12	Me gusta estar con la gente		
	Muy a menudo no me gusta estar con la gente		
	No quiero en absoluto estar con la gente		
13	No puedo decidirme		
	Me cuesta decidirme		
	Me decido fácilmente		
14	Tengo buen aspecto		
	Hay algunas cosas de mi aspecto que no me gustan		
	Soy feo		
15	Siempre me cuesta ponerme a hacer los deberes		
	Muchas veces me cuesta ponerme a hacer los deberes		
	No me cuesta ponerme a hacer los deberes		
16	Todas las noches me cuesta dormirme		
	Muchas noches me cuesta dormirme		
	Duermo muy bien		
17	Estoy cansado de cuando en cuando		
	Estoy cansado muchos días		
	Estoy cansado siempre		
18	La mayoría de los días no tengo ganas de comer		
	Muchos días no tengo ganas de comer		
	Como muy bien		
19	No me preocupa el dolor ni la enfermedad		
	Muchas veces me preocupa el dolor y la enfermedad		
	Siempre me preocupa el dolor y la enfermedad		

DRA. MARÍA ESTHER BARRADAS ALARCÓN

20	Nunca me siento solo		
	Me siento solo muchas veces		
	Me siento solo siempre		
21	Nunca me divierto en el colegio		
	Me divierto en el colegio sólo de vez en cuando		
	Me divierto en el colegio muchas veces		
22	Tengo muchos amigos		
	Tengo muchos amigos pero me gustaría tener más		
	No tengo amigos		
23	Mi trabajo en el colegio es bueno		
	Mi trabajo en el colegio no es tan bueno como antes		
	Llevo muy mal las asignaturas que antes llevaba bien		
24	Nunca podré ser tan bueno como otros niños		
	Si quiero puedo ser tan bueno como otros niños		
	Soy tan bueno como otros niños		
25	Nadie me quiere		
	No estoy seguro de que alguien me quiera		
	Estoy seguro de que alguien me quiere		
26	Generalmente hago lo que me dicen		
	Muchas veces no hago lo que me dicen		
	Nunca hago lo que me dicen		
27	Me llevo bien con la gente		
	Me peleo muchas veces		

5.7 Cuestionario de Goldberg o E.A.D. en la versiónespañola (Escala de ansiedad y Depresión de Goldberg).

Descripción.

El Cuestionario de Goldberg o E.A.D.G. en la versión española (Escala de Ansiedad y Depresión de Goldberg), fue desarrollado por este autor en 1988 a partir de una versión modificada de la Psychiatric Assessment Schedule, con la finalidad de lograr una entrevista de corta duración para ser utilizada por médicos, no psiquiatras, como instrumento de cribaje. La versión en castellano ha sido validada por Montón C. y cols. (1993).

Consta de dos escalas, una de ansiedad y otra de depresión, con 9 ítems cada una, todos ellos de respuesta dicotómica (Si / No); se da una puntuación independiente para cada escala, con un punto para cada respuesta afirmativa.

Su aplicación es hetero-administrada, intercalada en el contexto de la entrevista clínica, en la que se interroga al paciente sobre si ha presentado *en las últimas dos semanas* algunos de los síntomas a los que hacen referencia los ítems; no se puntúan los síntomas que duren menos de dos semanas o que sean de leve intensidad. Puede ser aplicado incluso por personal no médico, sin precisar estandarización.

Interpretación.

Cada una de las subescalas se estructura en 4 ítems iniciales de distracción para determinar si es o no probable que exista un trastorno mental y un segundo grupo de 5 ítems que se formulan sólo si se obtienen respuestas positivas a las preguntas de distracción (2 o más en la subescala de ansiedad, 1 o más en la subescala de depresión). Los puntos de corte son ≥ 4 para la escala de ansiedad y ≥ 2 para la de depresión. Existe un claro adelanto de la sensibilidad al aumentar la gravedad del trastorno psicopatológico, obteniendo puntuaciones más altas que pueden proporcionar una medida dimensional de la gravedad de cada trastorno por separado. La elevación de los puntos de corte a ≥ 5 y ≥ 3 mejora la especificidad y la capacidad discriminante de las escalas, con una ligera disminución de la sensibilidad (especificidad 93 %, sensibilidad 74 %).

Como cualquier instrumento de su género, el EADG está diseñado para detectar "probables casos", no para diagnosticarlos; su capacidad discriminativa ayuda a orientar el diagnóstico, pero no puede sustituir al juicio clínico. El hecho de que las respuestas sean dicotómicas, obliga

DRA. MARÍA ESTHER BARRADAS ALARCÓN

a interpretar la respuesta en los casos de intensidad leve en función de su significación clínica. Algunas situaciones, tales como acontecimientos vitales estresantes, problemática social, y enfermedad somática grave, pueden producir falsos positivos al reflejar el malestar del paciente en las contestaciones a algunos ítems, pero sin que ello comporte un estado psicopatológico con relevancia clínica. Otras situaciones (trastornos crónicos, trastornos de la personalidad, alcoholismo, conductas de negación) pueden producir falsos negativos.

En población geriátrica la validez predictiva de la subescala de ansiedad es pobre y la capacidad discriminante de las dos subescalas es menor, por lo que se ha propuesto su uso como escala única, con un punto de corte ≥ 6.

Su sencillez, unida a los buenos índices de sensibilidad y especificidad, a su capacidad discriminante entre ansiedad y depresión y a su capacidad de aportar información dimensional sobre gravedad, han hecho que esta escala haya sido ampliamente recomendada como instrumento de cribaje, tanto con fines asistenciales como epidemiológicosy/o como guía de la entrevista clínica en el ámbito de la Atención Primaria. Su utilidad en población geriátrica está peor establecida.

Propiedades Psicométricas

En el estudio de validación mostró una sensibilidad del 83 % y una especificidad del 82 %. Considerando cada una de las subescalas, la de depresión muestra una alta sensibilidad para captar los pacientes diagnosticados de trastornos depresivos (85.7 %), con una capacidad discriminante para los trastornos de ansiedad algo baja (captó el 66 % de los pacientes con trastornos de ansiedad). La escala de ansiedad tiene una sensibilidad algo menor (72 %), pero mayor capacidad discriminante (sólo detecta un 42 % de los trastornos depresivos).

La validez convergente de la E.A.D.G. con otros instrumentos de cribaje de amplia difusión como el GHQ-28, el MINI (Mini

International Neuropsychiatic Interview) o el PRIME-MD (Primary Care Evaluation of Mental Disorders), es alta. Así, con el GHQ-28 muestra una sensibilidad del 82 % y una especificidad del 85 %; con el MINI, una sensibilidad del 74 % y una especificidad del 72 %; y con el PRIME-MD, una sensibilidad del 90 % y una especificidad del 73 %.

El Cuestionario de Goldbergo E.A.D.G. en la versión española (Escala de ansiedad y Depresión de Goldberg).

Nombre _____ Fecha_____

"A continuación, si no le importa, me gustaría hacerle unas preguntas para saber si ha tenido en las dos últimas semanas alguno de los siguientes síntomas". No se puntuarán los síntomas de duración inferior a dos semanas o que sean de leve intensidad.

SUBESCALA DE ANSIEDAD	SI	NO
1. ¿Se ha sentido muy excitado, nervioso o en tensión?		
2. ¿Ha estado muy preocupado por algo?		
3. ¿Se ha sentido muy irritable?		
4.- ¿Ha tenido dificultad para relajarse?		
Si hay 2 o más respuestas afirmativas, continuar preguntando.		
5.- ¿Ha dormido mal, ha tenido dificultades para dormir?		
6.- ¿Ha tenido dolores de cabeza o nuca?		
7.- ¿Ha tenido alguno de los siguientes síntomas: temblores, hormigueos, mareos, sudores, diarrea? (síntomas vegetativos)		
SUBESCALA DE DEPRESIÓN		
1. ¿Se ha sentido con poca energía?		
2. ¿Ha perdido usted su interés por las cosas?		
3. ¿Ha perdido la confianza en sí mismo?		
4. ¿Se ha sentido usted desesperanzado, sin esperanzas?		
(Si hay respuestas afirmativas a cualquiera de las preguntas anteriores, continuar preguntando)		
5. ¿Ha tenido dificultades para concentrarse?		

6. ¿Ha perdido peso? (a causa de su falta de apetito)		
7. ¿Se ha estado despertando demasiado temprano?		
8. ¿Se ha sentido usted enlentecido?		
9. ¿Cree usted que ha tenido tendencia a encontrarse peor por las mañanas?		

Ansiedad: [   ]   Depresión: [   ]

5.8 Escala de Depresión de Calgary (Calgary Depresión Scale for Schizophrenia, CDSS).

Descripción.

La Escala de Depresión de Calgary (Calgary Depresión Scale for Schizophrenia, CDSS) es un instrumento desarrollado específicamente para valorar el nivel de depresión en la esquizofrenia, tanto en la fase aguda como en los estados deficitarios, al tiempo que trata de distinguirla de los síntomas positivos, negativos y extrapiramidales que pueden existir. Con el fin de superar las limitaciones de las escalas generales de depresión (Hamilton, Beck, …), diseñadas para población no psicótica, Addington D y cols (1990) realizan un análisis factorial de los ítems de la Escala de Depresión de Hamilton y del Present State Examination (PSE), seleccionando aquellos que mejor fiabilidad y validez obtuvieron en la valoración de la depresión en una muestra de pacientes esquizofrénicos. La primera versión constaba de 11 ítems, puntuados de 0 a 5, sin embargo, en un segundo estudio se observó que dos de los ítems (ideas delirantes de culpa y pérdida de peso) no contribuían a la fiabilidad interna de la escala ni a su validez, por lo que fueron suprimidos; así mismo, la puntuación de cada ítem se redujo a 4 niveles de severidad.

El resultado es una escala de 9 ítems, centrada fundamentalmente en los síntomas cognitivos de la depresión, con una graduación de intensidad sintomática de 4 puntos (ausente, leve, moderado, grave). Ha de ser administrada por un clínico, tras una entrevista estructurada y requiere una estandarización previa; el marco de referencia temporal son las dos semanas previas. Para los 8 primeros la propia escala facilita las preguntas para su exploración, mientas que el último es un ítem observacional para el que no se proporcionan preguntas específicas; todos los ítems incorporan criterios operativos para establecer la puntuación de gravedad. No ha sido validada en nuestro medio, si bien existen distintas traducciones al castellano.

Interpretación.

Proporciona una puntuación total de gravedad de la depresión, que se obtiene sumando la puntuación en cada ítem (de 0 a 3). El rango de puntuación es de 0-27. No existen criterios para categorizar la severidad de la depresión, utilizándose como una medida continua de intensidad sintomática. Es válida para cualquier fase de la enfermedad y sensible al cambio, lo que permite un seguimiento evolutivo del paciente y la determinación del grado de respuesta terapéutica.

Para identificar la ausencia / presencia de depresión, los autores recomiendan como punto de corte la puntuación ≥ 5. Este punto de corte se considera adecuado para identificar pacientes con alto riesgo de presentar comorbilidad de tipo depresivo; sin embargo, el diagnóstico de trastorno depresivo debe ser confirmado mediante el pertinente examen clínico.

La escala ha demostrado una adecuada separación entre las medidas de depresión, síntomas negativos y síntomas extrapiramidales en sujetos con esquizofrenia, superando en este sentido a escalas de tipo general, como las de Hamilton o Montgomery-Asberg, cuya puntuación se ve más influenciada por la sintomatología negativa y por la presencia de clínica extrapiramidal.

DRA. MARÍA ESTHER BARRADAS ALARCÓN

Propiedades psicométricas

Fiabilidad:

Su consistencia interna es elevada (alfa de Cronbach entre 0,70 y 0,90), y muestra así mismo buenos valores de fiabilidad inter-observadores (en torno a 0,90).

Validez:

La escala muestra una elevada correlación con otros instrumentos de evaluación de la depresión, como por ejemplo la Escala de Depresión de Hamilton o el Inventario de Depresión de Beck (coeficiente de correlación de 0,80. La validez predictiva es adecuada; para el punto de corte que los autores de la escala proponen ($\geq$ 5), la sensibilidad está en torno al 75 %, con especificidad próxima al 100 %.

Especial interés tiene su validez divergente, por la ausencia de asociación con síntomas positivos, negativos y extrapiramidales. En comparación con la Escala de Depresión de Hamilton, la CDSS no se correlaciona con los síntomas positivos y negativos evaluados con la PANSS, en tanto que la HDRS si lo hace. Esto viene a apoyar la menor contaminación de la CDSS por este tipo de síntomas y, por tanto, su mayor especificidad para la valoración de la depresión en pacientes con esquizofrenia.

La Escala de Depresión de Calgary
(Calgary Depresión Scale for Schizophrenia, CDSS)

Nombre _____ Fecha _____

1.- DEPRESIÓN:	
Ausente	
Leve: Expresa alguna tristeza o desaliento sobre la pregunta.	
Moderado: Claro humor deprimido que persiste menos de la mitad del tiempo durante las dos últimas semanas; presencia diaria.	
Grave: Marcado humor deprimido que persiste diariamente más de la mitad del tiempo, e interfiere con el funcionamiento motor y social normal.	
2.- DESESPERANZA:	
Ausente:	
Leve: Ha sentido alguna vez desesperanza durante la última semana, pero aún tiene algún grado de esperanza para el futuro.	
Moderado: Sentimiento de desesperanza persistente y moderado durante la última semana. Puede ser persuadido a reconocer la posibilidad de que las cosas vayan mejor.	
Grave: Sentimiento de desesperanza persistente y doloroso.	
3.- AUTODEPRECIACIÓN:	
Ausente:	
Leve: Algún sentimiento de inferioridad, pero sin llegar a sentirse inútil.	
Moderado: El sujeto se siente inútil, pero menos del 50% del tiempo.	
Grave: El sujeto se siente inútil más del 50% del tiempo. De otra manera, puede ser cuestionado a reconocerlo.	
4.- IDEAS CULPABLES DE REFERENCIA:	
Ausente:	
Leve: El sujeto se siente culpado, pero no acusado, menos del 50% del tiempo.	
Moderado: Sentimiento persistente de ser culpado y/o sentimientos ocasionales de ser acusado.	
Grave: Sentimiento persistente de ser acusado. Cuando se le cuestiona reconoce que no es así.	

5.- CULPA PATOLÓGICA:	
Ausente:	
Leve: El sujeto, a veces, se siente excesivamente culpable de algún pequeño error, pero menos del 50% del tiempo.	
Moderado: El sujeto normalmente (más del 50% del tiempo) siente culpa acerca de hechos pasados, cuya significación exagera.	
Grave: El sujeto normalmente cree que es culpable de todo lo que ha ido mal, incluso cuando no es por su culpa.	
6.- DEPRESIÓN MATUTINA:	
Ausente: No depresión.	
Leve: Depresión presente, pero sin variaciones diurnas.	
Moderado: Se menciona espontáneamente que la depresión es peor por la mañana.	
Grave: Depresión marcadamente peor durante la mañana, con funcionamiento dificultado que mejora por la tarde.	
7.- DESPERTAR PRECOZ:	
Ausente: No hay despertar precoz.	
Leve: Ocasionalmente (hasta 2 veces a la semana) se despierta una hora o más tiempo antes de la hora normal de despertarse o de sonar el despertador.	
Moderado: A menudo (hasta 5 veces a la semana) se despierta una hora o más tiempo antes de la hora normal de despertarse o de sonar el despertador.	
Grave: Diariamente se despierta una hora o más tiempo antes de la hora normal de despertarse o de sonar el despertador.	
8.- SUICIDIO:	
Ausente:	
Leve: Frecuentes pensamientos de estar mejor muerto o pensamientos ocasionales de suicidio.	
Moderado: Ha pensado deliberadamente en el suicidio, con un plan, pero no ha hecho ningún intento.	
Grave: Intento de suicidio aparentemente diseñado para acabar en muerte (p.e. descubrimiento accidental o medios ineficaces).	

9.- DEPRESIÓN OBSERVADA:	
Ausente:	
Leve: El sujeto aparece triste y afligido, incluso durante las partes de la entrevista en las que tratan temas afectivamente neutros.	
Moderado: El sujeto aparece triste y afligido a lo largo de toda la entrevista, con una voz triste y monótona y está lloroso o próximo a llorar por momentos.	
Grave: El sujeto se sofoca con temas dolorosos, con frecuencia suspira profundamente y llora abiertamente o permanece persistentemente en un estado de completa desdicha.	

PUNTUACIÓN: DESCRIPCIÓN

5.9 Escala de Birleson para trastorno Depresivo Mayor en Niños y Adolescentes.

Esta escala fue estandarizada y validada en México por investigadores del Instituto Nacional de Psiquiatría Ramón de la Fuente Muñiz, su nombre original en inglés es Depression Self Rating Scale (DSRS). Su propósito es cuantificar la gravedad de los síntomas de depresión tanto en niños como en adolescentes, es útil para vigilar la evolución del tratamiento. Está conformada por 18 ítems. Se puede aplicar de manera individual, grupal o autoaplicable. El puntaje máximo es de 36.

Reactivos	Calificación
1,2,4,7-9,11-13,15	**0 a 2**
3,5,6,10,14,16,17	Se califican en forma inversa, es decir, de **2 a 0**
Interpretación	
Rango	Significado
14 o más	Indica alta probabilidad de padecer depresión

- **Propiedades psicométricas**

Fiabilidad:

Esta escala posee una buena consistencia interna, la confiablidad en el tiempo en los grupos de pacientes con depresión (r=0.89) y sanos (r=0.78) son altos y un valor menor en el grupo de pacientes de trastorno de ajustes con síntoma de depresión (r=0.54). El punto de corte es de 13 puntos y valores de 13 a 21 indican la presencia de síntomas depresivos, mientras que valores de 22 o superior indican la presencia de depresión mayor

Validez:

Su correlación con otros instrumentos de valoración global de la depresión, como la Escala de Depresión de Montgomery-Asberg, el Inventario de Sintomatología Depresiva y Escala de Melancolía de Bech, oscila entre 0,8 y 0,9.

Escala de Birleson para trastorno Depresivo Mayor en Niños y Adolescente

		Siempre	Algunas veces	Nunca
1.	Me interesan las cosas tanto como antes.			
2.	Duermo bien.			
3.	Me dan ganas de llorar.			
4.	Me gusta salir con mis amigos.			
5.	Me gustaría escapar, salir corriendo.			
6.	Me duele la panza.			
7.	Tengo mucha energía.			
8.	Disfruto la comida.			
9.	Puedo defenderme por mi mismo(a).			
10.	Creo que no vale la pena vivir.			

11.	Soy bueno(a) para las cosas que hago.			
12.	Disfruto lo que hago tanto como lo hacía antes.			
13.	Me gusta hablar con mi familia.			
14.	Tengo sueños horribles.			
15.	Me siento muy solo(a).			
16.	Me animo fácilmente.			
17.	Me siento tan triste que me cuesta trabajo soportarlo.			
18.	Me siento muy aburrido(a).			

5.10 Escala Autoaplicada de Depresión de Zung (Self-Rating Depression Scale, SDS).

La Escala Autoaplicada de Depresión de Zung (Self-Rating Depression Scale, SDS), desarrollada por Zung en 1965, es una escala de cuantificación de síntomas de base empírica y derivada en cierto modo de la escala de depresión de Hamilton, ya que al igual que ella da mayor peso al componente somático-conductual del trastorno depresivo. Fue probablemente una de las primeras en validarse en nuestro país (Conde y cols. 1970) y ha tenido una amplia difusión.

Es una escala autoaplicada formada por 20 frases relacionadas con la depresión, formuladas la mitad en términos positivos y la otra mitad en términos negativos. Tienen gran peso los síntomas somáticos y los cognitivos, con 8 ítems para cada grupo, completándose la escala con dos ítems referentes al estado de ánimo y otros dos a síntomas psicomotores.

El paciente cuantifica no la intensidad sino solamente la frecuencia de los síntomas, utilizando una escala de Likert de 4 puntos, desde 1 (raramente o nunca) hasta 4 (casi todo el tiempo o siempre). El marco temporal no está claramente establecido y así en unas versiones se le pide al paciente

DRA. MARÍA ESTHER BARRADAS ALARCÓN

que evalúe la frecuencia de los síntomas de modo indeterminado o con una expresión tal como "recientemente", en otras se hace referencia a "su situación actual" o a la semana previa.

Interpretación

La escala de Likert de cada ítem puntúa de 1 a 4 para los de sentido negativo, o de 4 a 1 para los de sentido positivo; el rango de puntuación es de 20 - 80 puntos. El resultado puede presentarse como el sumatorio de estas puntuaciones, o como puntuación normalizada (suma de las puntuaciones de cada ítem expresada como porcentaje de la máxima puntuación posible), oscilando en este caso el rango de valores entre 20 y 100.

En la bibliografía anglosajona se utiliza la puntuación normalizada, con los siguientes puntos de corte:

Puntajes	Rangos	Interpretación
(≤ 40 puntos)	≤ 50	No depresión
(41-47 puntos)		Depresión leve
(48-55 puntos)	51-59	Depresión moderada
	60-69	
	> 69	
(> 55 puntos)		Depresión grave

En nuestro medio se utilizan de forma indistinta ambos sistemas, el de puntuación normalizada y el de puntuación total, con diferentes propuestas en lo que respecta a los puntos de corte. Conde y cols. proponen los siguientes puntos de corte:

Puntajes	Rangos	Interpretación
(< 28 puntos)	< 35	No depresión
(28-41 puntos)	36-51	Depresión leve
(42-53 puntos)	52-67	Depresión moderada
(> 53 puntos)	> 68	Depresión grave

Otros autores han utilizado categorizaciones distintas. Así, Seva-Diaz A. (1982), propone la siguiente categorización:

Puntajes	Rangos	Interpretación
(< 32 puntos)		No depresión
(33-47 puntos)	< 40 _____ 41-59	Depresión leve
(> 47 puntos)	≥ 60	Depresión moderada-severa

Se ha cuestionado su validez de contenido, por el escaso peso que en la puntuación total tienen los síntomas psicológicos indicativos de alteración del estado de ánimo, así como por la inespecificidad y el elevado peso relativo de los ítems de contenido somático. Se ha señalado también su escasa sensibilidad al cambio en relación al tratamiento instaurado, así como su inadecuación para valorar cuadros depresivos cuando la intensidad de los síntomas es alta, ya que sólo tiene en cuenta la frecuencia y no la intensidad de los mismos. No se considera una escala adecuada para detección de casos en población geriátrica, en la que la escala de Yesavage (GDS) ofrece mejores índices psicométricos. El elevado peso que tienen los síntomas somáticos en su puntuación total puede disminuir su capacidad discriminante en pacientes con enfermedad física. Tampoco valora adecuadamente algunos síntomas presentes en depresiones atípicas, como la hiperfagia o la hipersomnia.

La existencia de un doble sistema de puntuación, que se refleja en la bibliografía de forma indistintay, sobre todo, la falta de estandarización de los puntos de corte dificulta la comparación de resultados y limita su utilidad tanto en la tipificación de intensidad / gravedad, como para la detección de casos.

DRA. MARÍA ESTHER BARRADAS ALARCÓN

Propiedades Psicométricas

Fiabilidad:

Los índices de fiabilidad son buenos (índices de 0,70-0,80 en la fiabilidad dos mitades, índice de Cronbach entre 0,79 y 0,92).

Validez:

Los índices de correlación con otras escalas (escala de depresión de Hamilton, inventario de depresión de Beck) y con el juicio clínico global oscilan entre 0.50 y 0.80. Informa sobre la presencia y severidad de la sintomatología depresiva y es sensible a los cambios en el estado clínico. La puntuación total no correlaciona significativamente con edad, sexo, estado civil, nivel educacional, económico ni inteligencia.

Esta escala muestra unos aceptables índices de sensibilidad (85 %) y especificidad (75%) cuando se aplica para detección de casos en población clínica o en población general, y ha sido ampliamente utilizada con esta finalidad.

En población geriátrica disminuye su validez, tanto para cuantificar la intensidad / gravedad de la depresión, como a efectos de cribado o detección de casos, debido al elevado peso relativo que tienen los síntomas somáticos en el puntaje total. Orientadas más hacia el paciente geriátrico, se han desarrollado versiones abreviadas, con menor peso de los síntomas somáticos, que han tenido una difusión muy limitada.

La Escala Autoaplicada de Depresión de Zung
(Self-Rating Depression Scale, SDS).

Nombre_____Fecha_____

A continuación se expresan varias respuestas posibles a cada uno de los 20 apartados. Detrás de cada frase marque con una cruz la casilla que mejor refleje su situación actual.

A = **Muy poco tiempo, muy pocas veces, raramente.**
B = **Algún tiempo, algunas veces, de vez en cuando.**
C = **Gran parte del tiempo, muchas veces, frecuentemente.**
D = **Casi siempre, siempre, casi todo el tiempo.**

	ÍTEMS	A	B	C	D
1.	Me siento triste y deprimido.				
2.	Por las mañanas me siento mejor que por las tardes.				
3.	Frecuentemente tengo ganas de llorar y a veces lloro.				
4.	Me cuesta mucho dormir o duermo mal por las noches.				
5.	Ahora tengo tanto apetito como antes.				
6.	Todavía me siento atraído por el sexo opuesto.				
7.	Creo que estoy adelgazando.				
8.	Estoy estreñido.				
9.	Tengo palpitaciones.				
10.	Me canso por cualquier cosa.				
11.	Mi cabeza está tan despejada como antes.				
12.	Hago las cosas con la misma facilidad que antes.				
13.	Me siento agitado e intranquilo y no puedo estar quieto.				
14.	Tengo esperanza y confianza en el futuro.				
15.	Me siento más irritable que habitualmente.				

5.11 Escala de Depresión del Test Multifásico de la Personalidad MMPI-A.

Escalas de Validez

Estas escalas han sido elaboradas para determinar el grado de confianza con que pueden hacerse inferencias, teniendo en cuenta la actitud que el sujeto adopta al contestar la prueba.

a) **(No responde): Corresponde al número total de ítems no respondidos o respondidos en ambas direcciones (verdaderas y falsas a la vez).**

Los adolescentes pueden omitir la respuesta a ítems por varias razones, como tendencias oposicionistas, limitaciones en la comprensión, indecisión, confusión, defensividad.

Si aparecen treinta (30) o más ítems sin responder, el protocolo debe ser considerado inválido, ya que tiende a disminuir los resultados de las escalas clínicas.

Puntaje T	Interpretación
0 – 3	Bajo. Estos adolescentes revelan disposición y capacidad no evasiva para responder al contenido al que aluden los ítems.
4 – 10	Moderado. Es probable que hayan omitido algunos ítems en forma selectiva, quizá en función del contenido. También, puede ser el resultado de limitada experiencia en la vida lo que vuelve a esos ítems omitidos incontestables para el adolescente. Existe una baja probabilidad de distorsiones en el perfil a menos que todas las omisiones hayan ocurrido en una escala en particular.
11 – 30	Marcado. Estos adolescentes han dejado de contestar a más ítems que lo esperado, probablemente a causa de indecisión. Estas omisiones pueden distorsionar las elevaciones en el perfil. Por eso, hay que revisar a qué escala/s pertenecen en pos de evaluar la validez del perfil.

31 o más	Inválido. Este rango de omisiones puede ser el resultado de una actitud desafiante o poco cooperativa o indicar graves dificultades de lectura y/o comprensión. Se trata de perfiles inválidos. Si es posible, el examinado debería contestar los ítems omitidos o volver a responder a todo el inventario.

b) **L (mentira):**A través de esta escala se trata de detectar intentos ingenuos de dar una buena imagen. Si presenta un puntaje elevado puede pensarse en la existencia, no necesariamente intencional, de negación de errores menores y debilidades.

Puntaje T	Interpretación
45 o Menor	Bajo. Estas puntuaciones pueden reflejar una actitud abierta y confiada entre los adolescentes normales. Pero también es posible que indique una tendencia a la aquiescencia (todo verdadero) o a brindar una mala imagen de sí (fake bad).
46 – 55	Normal. Los puntajes en este rango pueden reflejar un balance adecuado entre el reconocimiento y la negación de faltas o errores comunes. Estos adolescentes tienden a ser flexibles.
56 – 65	Moderado. Puede reflejar cierto énfasis respecto de conductas o creencias convencionales. En contextos psiquiátricos, estas puntuaciones pueden indicar el uso de la negación como mecanismo de defensa central.
65 o mayor	Marcado. Las puntuaciones en este rango están asociadas con un uso extremo de la negación, pobre insight y simplicidad. Es probable que los tratamientos con estos adolescentes sean largos y con un pronóstico reservado. También, pueden darse estas puntuaciones en sujetos con tendencia a la aquiescencia (todo falso) o a brindar una buena imagen de sí.

c) **F (Fl y F2 infrecuencia):** Se ha sugerido que F es, de alguna manera, lo opuesto a la escala L. Personas que obtienen puntajes elevados en F se presentan a sí mismas como sujetos con perturbaciones severas, dando una "mala" imagen de sí.

Esta escala fue dividida, en el MMPI-A, en dos distintas, Fl y F2. La primera desciende de la escala F original, ya que consiste en ítems que están dentro de los primeros trescientos cincuenta (350) y provee una evaluación acerca de la aceptabilidad de las respuestas para las escalas básicas. La segunda, en cambio, toma los ítems desde el n° 242, evaluando así, la aceptabilidad de las respuestas para las escalas de contenido y suplementarias.

Puntaje T	Interpretación
45 ó menor	**Bajo.** Los puntajes en este rango pueden reflejar experiencias de vida convencionales entre adolescentes normales y, probablemente, tendencia a brindar una buena imagen de sí en sujetos con disturbios.
46 – 59	**Normal.** Los adolescentes que contestan de este modo pueden haber reconocido experiencias inusuales en un grado en que es esperable durante la adolescencia
60 – 65	**Moderado.** Estas puntuaciones son frecuentes entre adolescentes que exhiben alguna característica psicopatológica.
66 – 89	**Marcado.** En este rango de puntuación, los indicadores de validez deben ser revisados cuidadosamente. Los perfiles válidos reflejan, en general, psicopatología significativa, incluyendo síntomas típicos exhibidos en contextos clínicos.
90 ó mayores	**Extremo.** Perfil probablemente inválido. Si se descarta la tendencia marcada a ofrecer una mala imagen de sí (fake bad) u otro tipo de respuesta fuera de las reglas, puede reflejar desorganización severa o psicosis.

d) **K(defensividad):** Está compuesta por treinta (30) ítems que, originalmente, fueron seleccionados para identificar adultos que presentaban grados significativos de psicopatología pero que producían perfiles dentro de lo normal.

Tiene un objetivo similar al de la escala L, identificando sujetos que tienden a responder defensivamente.

En el inventario original MMPI y también el MMPI-II el valor de esta escala es utilizado como factor corrector de algunas escalas clínicas, no así en esta versión para adolescentes. Los puntajes altos en esta escala pueden considerarse como perfiles "defensivos".

Puntaje T	Interpretación
45 ó menor	**Bajo. Estas puntuaciones pueden reflejar pobre autoconcepto y recursos limitados para afrontar apropiadamente el estrés. También pueden estar relacionadas con un intento por ofrecer una mala imagen de sí en adolescentes normales y con angustia o malestar agudo en jóvenes en contextos psiquiátricos.**
46 – 55	**Normal. Los puntajes en este rango pueden reflejar un balance adecuado entre una actitud de apertura y otra de reserva en la autodescripción. En contextos psicoterapéuticos, el pronóstico para el tratamiento es bueno.**
56 – 65	**Moderado. Puede reflejar, entre adolescentes normales, una posición confiada y renuencia a pedir ayuda a los demás. En contextos psiquiátricos, este nivel de K puede estar relacionado con mala disposición para admitir problemas psicológicos y negar la necesidad de tratamiento o ayuda psiquiátrica**
65 ó mayor	**Marcado. Las puntuaciones en este rango pueden indicar defensividad extrema, a menudo relacionada con un pobre pronóstico y una duración larga en el tratamiento. También, pueden darse en sujetos con tendencia a brindar una buena imagen de sí.**

Escalas Clínicas

Las escalas clínicas permiten evaluar distintas dimensiones de la personalidad y obtener información acerca de probables patologías.

Cuando un sujeto presenta puntajes de T de 65 o más, puede considerarse que el mismo es significativo. Puntajes menores, entre 50 y 60 y puntajes bajos no deben ser utilizados para la interpretación ya que en el MMPI-A todavía no resultan lo suficientemente claros. Todas las escalas han sido adaptadas, conservándose algunos ítems del inventario original, eliminando otros y elaborando nuevos tomando en cuenta las características de esta población.

DRA. MARÍA ESTHER BARRADAS ALARCÓN

b) D (depresión): La escala D es una medida del grado de insatisfacción general con la propia vida, incluyendo sentimientos de desesperanza y apatía.

Se encontraron adolescentes en los que puntajes elevados permitían considerar una buena predisposición para realizar psicoterapia. También se presentaron sujetos introspectivos con sentimientos de culpa y de vergüenza.

Se ha considerado, además, que esta escala permite evaluar la presencia de ideación suicida.

T 0-59 SIN DEPRESIÓN
- niveles altos de inteligencia y de rendimiento académico
- ausencia de depresión, ansiedad y culpa
- autoconfianza y estabilidad emocional
- habilidad para funcionar efectivamente en situaciones variadas y diversas
- alerta, actividad y competencia
- en pacientes psiquiátricos, rebeldía, irresponsabilidad, tendencia a la controversia y a la manipulación
T 60-64 TENDENCIA A LA DEPRESIÓN
- sentimientos de insatisfacción, desesperanza e infelicidad
- apatía general y falta de interés en actividades
- presencia de sentimientos de culpa, vergüenza y autocrítica
- escasa autoconfianza y sensación de inadecuación y pesimismo-aislamiento social
- grado de angustia emocional que puede servir como motivador positivo a los esfuerzos psicoterapéuticos
T 65 O MÁS CON DEPRESIÓN
Sentimientos depresivos, ideaciones suicidas.
• Síntomas somáticos.
• Ansiedad, temores, preocupaciones.
• Pobre rendimiento escolar.
• Sentimientos de culpa.
• Falta de confianza en sí mismo/a.
• Retraimiento social.
• Pesimismo, insatisfacción.

En este test MMPI-A estos rangos y su respectiva equivalencia son los mismos para medir los tres perfiles que son: Escalas Básicas, Escalas de Contenidos y Escalas Suplementarias. (Ver Tabla A).

Rangos y Equivalencias de las Escalas del Test Multifásico de Personalidad de Minnesota para adolescentes. MMPI-A:
S. R. HATHAWAY y J. C. McKINLEY Adaptación al español: E. LUCIO GÓMEZ - MAQUEO.

RANGO	0-59	60-64	65 Y +
EQUIVALENCIA	SIN	TENDENCIA	CON
ESCALAS BASICAS		ESCALAS DE CONTENIDO	ESCALAS SUPLEMENTARIAS
Escala 1 Hipocondría (Hs:) Escala 2 Depresión (D) Escala 3 Histeria (Hi) Escala 4 Desviación Psicopática (Dp) Escala 5 Masculinidad-Feminidad (Mf) Escala 6 Paranoia (Pa) Escala 7 Psicastenia (Pt) Escala 8 Esquizofrenia (Es) Escala 9 Hipomanía (Ma) Escala 0 Introversión social (Is)		Ansiedad (ANS) Obsesividad (OBS) Depresión (DEP) Preocupaciones por la salud (SAU) Enajenación (ENA) Pensamiento Delirante (DEL) Enojo (ENJ) Cinismo (CIN) Problemas de conductas (PCO) Baja autoestima (BAE) Aspiraciones Limitadas (ASL) Incomodidad en situaciones sociales (ISO) Problemas familiares (FAM) Problemas escolares (ESC) Rechazo al tratamiento (RTR)	Escala revisada de alcoholismo de MacAndrew (MAC) Reconocer problemas con alcohol/drogas (RPAD) Tendencia a problemas con alcohol/drogas (TPAD) Inmadurez (INM) Ansiedad (A) Represión (R)

CAPÍTULO VI

ALTERNATIVAS DE INTERVENCIÓN EN LA DEPRESIÓN

6. Alternativas de intervención.

LA PSICOTERAPIA DE la depresión mayor en la infancia y en la adolescencia incluye un diverso número de enfoques, que se diferencian en aspectos como su base teórica, tipo de actividades e implementación de estas, duración y frecuencia del tratamiento o implicación de terceras personas en la terapia. Existe evidencia sobre la eficacia de diferentes intervenciones psicoterapéuticas en este grupo de edad, en especial de la terapia cognitivo-conductual y de la terapia interpersonal para adolescentes, Dopheide JA. (2006).

Para el estudio de la eficacia de las intervenciones psicológicas, los ensayos clínicos aleatorios se han convertido en una pieza clave, a pesar de que en general presentan una serie de dificultades, Guía de Práctica Clínica sobre el Manejo de la Depresión Mayor en el Adulto (2006).

- La variabilidad al aplicar una misma intervención puede afectar a los resultados y hace imprescindible la utilización de manuales de tratamiento, así como realizar una evaluación de la adherencia del terapeuta a dicho manual de tratamiento.
- Es necesario controlar las variables dependientes del terapeuta, sobre todo su entrenamiento psicoterapéutico, experiencia clínica y adherencia al manual de tratamiento.

- Resulta imposible confundir el tratamiento para quien lo administra (psicoterapeuta) y es complicado enmascarar la condición de tratamiento activo para un evaluador externo independiente.
- Las características de los pacientes seleccionados (gravedad del trastorno depresivo, personalidad, historia biográfica,) y la utilización de diferentes variables de medida, dificultan la comparación entre estudios.

Además, existen algunas características específicas de los estudios de Psicoterapia realizados en niños y adolescentes con depresión mayor:

- La mayoría de los estudios se llevan a cabo en adolescentes, por lo que las conclusiones no se deben generalizar a edades más tempranas.
- Existen diferencias en cuanto al número y calidad de los estudios realizados sobre las diferentes psicoterapias, posiblemente debido a factores que tienen que ver con el coste, ética y complejidad de este tipo de ensayos, National Collaborating Centre for Mental Health. (2008).
- Algunos metanálisis recientes han obtenido un menor tamaño del efecto que estudios previos. Este cambio en los resultados se debe fundamentalmente a un mayor rigor metodológico, Klein JB, (2007).

6.1 Intervención Psicológica.

6.1.1. Terapia cognitivo-conductual.

La terapia cognitiva fue desarrollada originalmente por Beck y formalizada a finales de los años setenta para ser aplicada en la depresión, Beck AT. (1979). La intervención se centra en la modificación de conductas disfuncionales, pensamientos negativos distorsionados, asociados a situaciones específicas y actitudes desadaptativas relacionadas

DRA. MARÍA ESTHER BARRADAS ALARCÓN

con la depresión. La activación conductual es también un aspecto clave de la terapia cognitiva de Beck, que hace un especial énfasis en la relación entre la actividad y el estado de ánimo. Es una terapia que implica activamente al paciente, es directiva, propone metas específicas, realistas y ayuda a encontrar nuevas perspectivas.

Aunque los modelos cognitivo y conductual de la depresión parten de supuestos diferentes para explicar el origen y mantenimiento del trastorno, se denomina **terapia cognitivo-conductual (TCC)** a la modalidad de terapia que comparte técnicas cognitivas y emplea de forma sistemática técnicas conductuales. La TCC cuenta con el mayor número de estudios publicados, tanto en adultos como en niños y adolescentes, Verdeli H, (2006).

La TCC ha demostrado su eficacia en el tratamiento de la depresión moderada en adultos, con resultados similares a los obtenidos con tratamiento farmacológico, Guía de Práctica Clínica sobre el Manejo de la Depresión Mayor (2006).

La TCC en niños y adolescentes no difiere ni en la lógica ni en los elementos terapéuticos esenciales de la empleada en adultos, pero como es esperable, los procedimientos terapéuticos se adaptan a la edad del niño. Así, por ejemplo, la psicoeducación acerca del papel de los pensamientos en los estados emocionales puede valerse de recursos como dibujos e ilustraciones.

Las características más importantes de la TCC empleada en población infantil y adolescente, son las siguientes, Zuckerbrot RA, (2007).

- Es una terapia centrada en el presente y basada en la asunción de que la depresión está mediada por la percepción errónea de los sucesos y por el déficit de habilidades.
- Sus componentes esenciales son la activación conductual (incrementar la realización de actividades potencialmente

gratificantes) y la reestructuración cognitiva (identificación, cuestionamiento y sustitución de pensamientos negativos). También son elementos importantes el aprendizaje de competencias conductuales y las habilidades sociales en general.

- Los manuales de tratamiento se estructuran en sesiones de entrenamiento de habilidades y sesiones opcionales sobre problemas específicos. Habitualmente las estrategias de la terapia se basan en la formulación clínica del problema (formulación en la que se pone especial énfasis en los factores asociados al mantenimiento del trastorno) y la sesión terapéutica sigue una agenda de problemas que se deben tratar.

- Es frecuente incluir sesiones con los padres y/o familiares, con la finalidad de revisar los progresos y aumentar la adherencia al tratamiento.

En cuanto al papel de los padres en el tratamiento, algunos autores lo han calificado de esencial, Albano AM,(2004). Los padres no solo aportan información importante para la evaluación psicológica, el planteamiento de objetivos y la orientación del tratamiento, sino que también pueden actuar como agentes de cambio terapéutico, por ejemplo, facilitando la realización de determinadas tareas indicadas en las sesiones de tratamiento psicológico.

6.1.2. Técnicas cognitivas.

Las técnicas cognitivas, propuestas por Knell (1997, en O'Connor y Schaefer, 1997) en su manual de terapia con el modelo cognitivo conductual en la intervención a niños, retoma tres técnicas predominantes.

- La primera "estrategias de cambio cognoscitivo", la cual permite que el paciente haga un ejercicio en donde se promueve la comprobación de las hipótesis bajo un corte científico o lógico, para que puedan ponerse a prueba todos aquellos pensamientos;

DRA. MARÍA ESTHER BARRADAS ALARCÓN

éste ejercicio implica juzgar la evidencia, sondear las alternativas y analizar las consecuencias.

- La segunda "autoafirmaciones de enfrentamiento" consisten en aquellas afirmaciones que parten de la reestructuración cognitiva y que promueven la retroalimentación de aquellos pensamientos que refuerzan cogniciones apropiadas, bajo la lógica de la realidad.
- La Tercera "biblioterapia" facilita al paciente la oportunidad de refugiar la atención en libros de autoayuda, los cuales permiten que el propio individuo pueda cuestionar sus creencias irracionales y comience por considerar aquellas opciones alternas que faciliten la solución de sus problemas.

6.1.3. Técnicas Conductuales.

Estas técnicas sugieren que la atención terapéutica se centre en la conducta observable del paciente y todas las actividades estarán dirigidas hacia el cumplimiento del objetivo terapéutico, a partir de la atención del comportamiento.

El objetivo de estas técnicas de psicoterapia es lograr un cambio en las actitudes negativas del paciente para que se promueva una mejoría en su ejecución, lo que permite llegar a comprobar la validez de los pensamientos negativos; y cuando éstas se ven refutadas, la persona se siente motivada para realizar tareas y actividades que pueden considerarse con mayor dificultad, al grado de enfrentarse con sus propias barreras (Beck, 1983).

- Beck (1983) plantea diferentes técnicas conductuales en la intervención hacia la atención de trastornos como la depresión y estas hacen referencia al empleo de la: "programación de actividades", esta técnica manifiesta la necesidad de formular actividades planeadas con la finalidad de contrarrestar la escasa motivación del paciente, esto permite que la planificación del tiempo lo mantengan ocupado e impidan que retroceda a un estado de inmovilidad, que propicie el reforzamiento de los pensamientos distorsionados y los comportamientos inapropiados hacia su persona. Por lo que, las actividades que se contemplen en el programa deberán de ser graduales y del agrado del paciente.

- La técnica de dominio y agrado permiten que el paciente incremente aquellas actividades que le promueven forjar sentimientos de placer, diversión o alegría; pues de lo contrario, si realiza actividades que no le aportan satisfacción, promoverá la presencia de los pensamientos distorsionados que le afectarán su área emocional.

- La técnica "asignación de tareas graduales", esta técnica consiste en la asignación de tareas graduales, es necesario que el terapeuta formule un plan de acción, en el cual deberá estar contemplado por un proceso que radica desde la definición del problema, planteando con esto la formulación de un proyecto en el que se establecerán las tareas tanto simples como complejas que se deberán realizar. Así pues, durante la intervención se observará al paciente en el logro de cada tarea llevada a cabo con éxito; aunado a esto, se promueve la estimulación hacia la persona, para que evalúe de forma realista todo aquel componente que le impida realizar las actividades; y con esto es conveniente que el terapeuta enfatice en las capacidades y esfuerzos para llevar a cabo exitosamente cada actividad planeada; y por último, se procede a reasignar nuevas tareas más complejas.

- La cuarta técnica "práctica cognitiva" hace referencia a la manera de inducir las cogniciones del paciente hacia un ejercicio de imaginación, en la cual se pretende que la persona divague sobre alguna actividad, en ésta se identificarán los posibles obstáculos que pudieran interferirle, a lo cual es recomendable que el terapeuta identifique y desarrolle soluciones ante los problemas prevalecientes.

- En esta quinta técnica de "role playing" constituye una manera de adoptar un papel en la que se tendrán como objetivos el clarificar todas aquellas cogniciones contraproducentes y facilitar

DRA. MARÍA ESTHER BARRADAS ALARCÓN

la expresión de emociones del paciente, para que puedan reestructurar los pensamientos distorsionados a partir de la expresión de ideas y emociones de otro personaje asumido.

- Y la última técnica "tareas para casa" empleada por Beck, para el tratamiento de trastornos como la depresión, manifiesta la importancia de asignar tareas conductuales para casa, éstas permiten que el paciente pueda identificar y hacer frente a los problemas que le suceden día con día, la finalidad de ésta es obtener una visión de cómo reacciona la persona y qué estrategias puede emplear para resolver determinadas situaciones.

- Así pues, con estas técnicas propuestas planteadas por Beck, se puede vislumbrar cómo el paciente a partir de la reestructuración cognitiva y conductual, puede modificar la percepción que tiene del mundo y la existencia de trastornos psicológicos que le aquejan día con día.

Bell y D'Zurilla (2009). Mencionan otros tipos de terapias efectivas para tratar la depresión entre ellas la terapia de autocontrol de Rehm y la terapia de resolución de problemas.

6.1.4 La terapia de autocontrol de Rhem para la depresión.

Esta terapia Rehm tiene un fundamento muy importante en la activación conductual. Desde el enfoque de las habilidades de autocontrol se consideran determinante el autocontrol para garantizar que una persona consiga refuerzo externo. Así mismo, el autocontrol es importante para reaccionar antes situaciones de fracaso, pues facilita permanecer o cambiar la conducta orientada hacia alcanzar sus metas y objetivos.

Generalmente las personas con depresión se determinan más en las consecuencias inmediatas de su comportamiento, desechando las consecuencias a largo plazo más positivas. Las personas con depresión pueden además de ser extremadamente autocritica y autoexigentes y constantemente fallan en alcanzar sus metas mismas que son demasiado altas y difícilmente reconocen sus aciertos, lo que los lleva a no premiarse o más bien se autocastigan. Esta terapia Rehm tiene como propósito desarrollar en la persona con depresión habilidades de autocontrol para progresar en las metas importantes y desencadenar conductas reforzantes.

6.2 Intervención médica.

Desde el enfoque médico siempre se ha afirmado la existencia de una alteración bioquímica cerebral, en la que se presentan bajos niveles de los neurotransmisores cerebrales, llamados "monoaminas". Esta teoría se considera clásica; menciona la disminución de estas pequeñas moléculas entre la que se incluye la serotonina.

Las consecuencias de esto se muestran a través del síndrome que manifiestan estados anímicos con cambios muy bruscos de irritabilidad, de desánimo y una sensación de congoja o angustia que supera a lo que se espera como normal. Al respecto el tratamiento médico que ha resultado efectivo es un antidrepesivo llamado Prozac, el cual actúa como inhibidor de la "Reparación selectiva de la Serotonina" (SSRI, es la sigla en inglés), al ingerirse causa incremento de los niveles de serotonina, al incrementarse paralelamente se presenta una mejoría de los síntomas.

Posteriormente, se señalaron otros medicamentos que operan en las monoaminas, entre ellas aumentaba la noradrenalina (NARI), en tanto que otra (SNARIS), incrementaba a ambos, tanto la noraadrenalina y serotonina.

Las investigaciones actuales como la de los autores Roben Sapolsky de la Universidad de Stanford en California y de Bruce McEwen de la Universidad de Rockefeller en Nueva York, descubrieron en una población de monos que experimentaban estrés crónico, que se producía un achicamiento del hipocampo. Otros Monos machos terciopelo, que eran constantemente acosados por miembros de la tropa dominante, morían más jóvenes que los otros de su edad y en la autopsia se comprobaban que tenían pocas células en el hipocampo.

En el cerebro las células especialistas en respuesta al estrés, liberan una gran cantidad de hormonas que estimulan las glándulas suprarrenales, que a su vez responden produciendo cortisona, un poderoso esteroide. La liberación de estas hormonas en situaciones críticas de supervivencias permiten activar las reservas de energía y de agudizar el pensamiento para pelear o huir (Fight or Flight). Sin embargo autores como Sapolsky y McEwen, mencionan que niveles altos y sostenidos en tiempo de corticoides, son sumamente dañinos para el organismo, especialmente para el cerebro, pues se atrofian las delicadas extensiones de las neuronas, llamadas dendritas ya que por medio de ellas las neuronas del hipocampo están permanentemente recibiendo señales de otras neuronas. Además, el exceso y prolongación de tiempo de segregación de corticoides afecta permanentemente algunas neuronas. Aun peor, el hipocampo, el cual en condiciones normales se encarga de liberar saludable y moderadamente cortisol y cuya función más importante se relaciona con el aprendizaje y la memoria, se conecta con otras partes del cerebro que controlan el humor y las emociones. Al dañar el hipocampo se establece un círculo vicioso, en el que se dañan otras neuronas, provocando problemas de memoria, aprendizaje y mayor depresión. Ante esto, el tratamiento médico más indicado es con el psicofármaco llamado Prozac, al que se le atribuye el incrementar en el hipocampo los niveles de una sustancia llamada "Factor Neurotrófico Derivado del Cerebro" (BDNF en sus siglas en inglés), identificado como un "factor de crecimiento", cuya importancia principal es mantener y proteger las neuronas del cerebro adulto. (Ronald Duman y sus colaboradores de la Universidad de Yale), proponen una teoría llamada "neurotrópica", basada en el efecto de protección y actuado en BDNF, para mantener vivas las células del hipocampo. La buena noticia con esto es que se echa abajo la teoría de que las células en el cerebro al atrofiarse no podían reproducirse ni reemplazarse. Hoy en día, gracias a los resultados de algunos investigadores en trabajos independientes (Fred Gage del Instituto Salk en San Diego y Elizabeth Gould, de la Universidad de Princeton), se ha encontrado y demostrado que las células del hipocampo si pueden reproducirse, a este proceso de regeneración se le llama neurogénesis considerado como un factor determinante en el tratamiento de las depresiones. Como se ha mencionado, con él proceso de neurogénesis se estimula el nacimiento de nuevas neuronas en el hipocampo, a través del incremento de los niveles de BDNF. Otra terapia que induce la neurogénesis es la terapia electroconvulsiva, así como el ejercicio físico.

DRA. MARÍA ESTHER BARRADAS ALARCÓN

CAPÍTULO VII

DEPRESIÓN EN ESTUDIANTES UNIVERSITARIOS

7.1. El estudiante y su contexto.

E S INEVITABLE QUE ante tantos cambios sociales, como deterioro incontenible de los recursos naturales, el avance de la pobreza, el avance de la tecnología, el abuso de las redes sociales cibernéticas, están afectando las actitudes tanto de adolescentes como de jóvenes. Se está convirtiendo en algo típico o frecuente que la mayoría de los profesores se queja de tener alumnos desmotivados, que no saben que quieren, como si nada les interesara, es mínimo el porcentaje de alumnos que muestran interés en el aprendizaje, que manifiesten autocrítica, autodisciplina, por el contario, ante el mínimo esfuerzo pretenden obtener calificaciones altas. Lógicamente el profesor encuentra difícil encontrar los medios y técnicas de enseñanza que puedan motivar e interesar al estudiante, el índice de reprobación, de materias de arrastre es muy alto al igual de deserción y cambio de carrera, verdaderamente parece ser que el profesor se enfrenta ante una crisis demasiado prolongada de identidad en sus estudiantes.

Existen otros factores que interfieren en el proceso de aprendizaje y esto es la etapa de desarrollo que están cursando, sobre todo los que recién ingresan a la universidad. La adolescencia esta considerada, desde un enfoque psicológico, entre un rango de edad de doce a diez y nueve años; rango de edad que para la sociología es considerada como una etapa de adolescencia prolongada. Para algunas culturas la adolescencia no existe, de la niñez se pasa a la etapa adulta, manifestada por una independencia con respecto de los padres, por lo que los nuevos adultos asumen mayores responsabilidades dentro de la sociedad a la que pertenecen, participando activamente en el mundo laboral y moral, es decir, su comportamiento lo basan a sus propio criterios y principios transferidos por sus padres.

Hoy en día el adolescente cuenta con una autonomía no orientada hacia algo productivo, la mayor parte del tiempo el manejo de la libertad que se les proporciona está mal orientada, creen tener más derechos que obligaciones, la participación en el mundo laboral calificado que exige una formación y madurez competitiva se retrasa en edad, lo mismo el salir de casa, en la actualidad hay más hogares con hijos mayores de veinte y cinco años que siguen dependiendo económicamente de los padres y se ve lejana la posibilidad de que deseen tener su propia familia. Todo ello, implica que la presión por madurar, por asumir responsabilidades, por actuar como un adulto, por gobernar su propia vida, se debilita. Desde el punto de vista psicológico, el final de la adolescencia se sitúa en torno a los dieciocho años, pero sociológicamente se habla de los veintinueve años como frontera de esta etapa. Estas condiciones socioculturales actuales propician que en la etapa de desarrollo de la juventud o adultez se manifiesten rasgos y comportamientos que pertenecen más a la adolescencia, como el seguir dependiendo económicamente de los papás, la falta de interés de tener casa propia, esposa (o) hijos. Por su parte, Corea y Lewkowicz (2004) describen este fenómeno porque la adolescencia se ha convertido en el distintivo de nuestra época y porque la falta de definición es un rasgo más distintivo: no es un niño, ni un adulto. De esta manera, se convierte en un potencial consumidor de productos de amplio espectro. Si se reflexiona en los programas de televisión, se daría cuenta que la división por edades se ha perdido paulatinamente. No hay ya un programas para niños, o para adolescentes, o para los jóvenes o adultos de manera exclusiva, generalmente están realizados para el público en general, sin poner límite a etapas infantiles pues en ellos se presentan escenas fuertes en violencia, sexo, entre otros, que tendrían que estar dirigidos a un público adulto en horas en que los niños duermen, pero no es así, aun lo vemos en dibujos animados desarrollando temática y usando

DRA. MARÍA ESTHER BARRADAS ALARCÓN

un lenguaje no propio para los niños. Todo parece indicar que la mayoría de los programas en la televisión son diseñados para una audiencia sin edad. La televisión no es la única en esta situación, así también están los videojuegos, las películas, las series, las revista, los comics, con un alto contenido violento y temáticas propias solo para adultos.

El exceso de liberta y la pérdida de los limites ha propiciado malas decisiones en los jóvenes, decisiones basadas en el placer inmediato, sin reflexión ni idea de lo que a futuro tendrán, ante una autonomía y libertad sin responsabilidad, lo que ha favorecido la deserción escolar, pues seducidos por el consumismo, buscan trabajo no calificados de mano de obra barata poniendo en riesgo su situación académica. Rodríguez (2004), encontró que la publicidad va generando una imagen social de los adolescentes y jóvenes donde ellos se ven a sí mismos, que sino no están a la moda en su forma de vestir, en poseer la tecnología de vanguardia, se ve afectado el autoconcepto y autoestima, según este autor es la publicidad y mercadotecnia la que establece valores de referencia y estos valores dominantes son:

- No perder la capacidad de diversión y disfrutar de la vida. Se les expresa a los jóvenes a través de la publicidad que jueguen más y disfruten más, puesto que la vida pasa rápidamente y en un momento se verán enfrentados a responsabilidades significativas.
- Mantenerse permanente en buscar sensaciones y emociones. La publicidad para jóvenes esta dirigida a pasar el tiempo con los elementos emocionales (afectos, sentimientos).
- La rebeldía y la libertad. Es otro aspecto muy promovido por la publicidad como sinónimo de fortaleza y popularidad.
- Valores habituales (amistad, familia, amor, sexualidad, ente otros.) que son reinterpretados y renovados en consonancia con los mayores niveles de autonomía que los adolescentes y jóvenes tienen en el día a día.
- El hedonismo, lo puede caracterizar una persona que solo busca el placer y lo disfruta, su principal característica fue la búsqueda

implacable del placer y evitar el dolor a toda costa. Asumiendo posiciones más naturales, más informales (como son los reclamos sexuales, el estatus económicos o el estatus social no son tan relevantes para estimular el consumo de productos vinculados al placer, al confort, al disfrute, como en el caso de los adultos: placeres cuyo consumo vinculan a una clase social, a un rango económico, entre otros).

- La inmediatez, el éxito rápido, totalmente fuera de la realidad caracteriza los mensajes de la publicidad.
- La competitividad; ser el primero, el número uno. Como sinónimo que de no ser así no vales.
- La ausencia de reglas (hacer lo que sea con tal de obtener el éxito), situación que no les favorece en desarrollar la autodisciplina generando en ellos una característica común en todas las áereas de su vida que es la inconsistencia y abandono de las metas que les resulten difíciles.
- La agresividad, enmascarada como una mezcolanza de dinamismo, vitalidad y modo de autoafirmación personal.

Todo esto propicia en ellos un vacío existencial haciéndoles más vulnerables a presentar cuadros de depresivos.

Otro aspecto importante que se da en esta etapa de desarrollo es la necesidad de pertenencia a su grupo de pares. Hoy en día esta necesidad está mucho más acentuada que en otras épocas. La falta de grandes ideales, de valores y aspectos compartidos, el individualismo, entre otros aspectos, conduce al adolescente y joven a buscar con más desesperación el contacto con sus iguales. Manifiestan una gran necesidad de sentir que se pertenece a un grupo, a una tribu, a una pandilla, llenar la necesidad de sentirse aceptado por los otros integrantes del grupo, compartir sus gustos, estilos, sus intereses es parte de sentir que pertenece y es aceptado por el grupo. De hecho, la mayor parte de los publicistas, fundamentados en estudios sociológicos y psicológicos precisos utilizan recursos publicitarios donde muestran ambientes donde los adolescentes comparten experiencias, emociones, con los otros de sus iguales, la pertenencia al grupo como agente de identificación donde los productos y marcas contribuyen a ratificar la identidad personal y grupal. El éxito de la telefonía celular entre los adolescentes o de la comunicación a través de Internet es una señal evidente de esa necesidad de sentirse cercanos a sus amigos, de sentirse próximos, en esos tiempos y lugares donde no es posible el contacto directo con ellos.

FAD (2005), en el estudio *Una mirada al universo cultural de los jóvenes,* encontró cuatro indicadores que ubican como factores significativos en la actual cultura juvenil. Estos son: el ocio, la disociación del tiempo y los espacios, las relaciones grupales y los consumos. Por su parte Gordo y Mejías, en su estudio *Jóvenes y cultura Messenger* (2006), estudiaron como los adolescentes y jóvenes ocupan la TIC (tecnologías de la información y la comunicación), señala que las TIC constituyen el espacio por excelencia donde se refleja la identidad cultural de los adolescentes actuales, además de encontrar que les resulta muy difícil diferenciar esa dualidad entre el tiempo normativo (el tiempo de estudio y de trabajo) y el tiempo de expansión, sin responsabilidades, característico de los jóvenes actuales. De igual forma, usan las TIC fundamentalmente para estar conectados con los iguales, el grupo virtual, dentro del espacio y tiempo del hogar como espacio y tiempo propio y ajeno al de los adultos; además ese «estar conectados» constituye también una forma de ocio. Con un estilo de vida así, existen más posibilidades de caer en depresión y tener problemas de rendimiento académico.

7.2 Rendimiento académico.

Frecuentemente, este concepto de rendimiento académico es considerado como el nivel de conocimientos manifestado en un área o materia al compararse con la norma de edad y nivel académico. Relacionada a esta definición aparece el término evaluación, que implica las calificaciones como índices fiables, válidos y cuantitativos que pueden proporcionar informes cualitativos (Jiménez, 2000).

Los investigadores han estudiado acerca de su predicción en el sistema educativo, con base en su carácter multifactorial, en otras palabras, que el rendimiento académico podría estar establecido por indicadores motivacionales, socioeconómicos, metodologías de enseñanza, conocimientos previos y con el nivel de pensamiento formal (Benítez, Giménez & Osicka, 2000). Como complemento a estos indicadores, Cominetti & Ruiz (1997) dan valor en esta materia a las expectativas de los profesores, de la familia y del mismo estudiante. Siendo que otros autores le dan gran importancia a una gran influencia de la variable psicopedagógica "inteligencia". Al respecto, Jiménez (2000) propone que muy a pesar de la capacidad intelectual y de las aptitudes, el educando puede no obtener el rendimiento esperado.

Independientemente que sea debido a indicadores internos (expectativas, autoestima, entre otros.) o externos (metodología, contenido, entre otros), la persona se sentirá capaz, feliz, exitosa, o bien humillada, fracasada. Hernández (2005) afirma que "a pesar de la doble finalidad de lo intelectivo y lo socioafectivo cada día resulta más difícil separarlos dada su relación circular, pues lo socioafectivo influye más de lo que se creía en lo intelectivo y los resultados intelectivos y escolares influyen decididamente en la satisfacción personal de los alumnos" (p. 46).

Por otra parte, otros autores mencionan, que el inadecuado manejo emocional de las personas no determina el rendimiento académico, pero que este sí se relaciona con diferentes psicopatologías, entre ellas, la depresión. Ruiz (1994) menciona que las dificultades emocionales encuentran su causa en los pensamientos erróneos (cognición) que salen de una realidad mal interpretada. Igualmente, el estudio de estos indicadores cognitivo (depresión) y emocional (inteligencia emocional) resulta importante para el ámbito educativo-social, teniendo en cuenta que esta psicopatología, la depresión, afecta el bienestar de la persona

DRA. MARÍA ESTHER BARRADAS ALARCÓN

que de una u otra forma incide en la sociedad, llegando a desencadenar tipos más crónicos de problemáticas (suicidio), y en el caso de espacios educativos podría influenciar el rendimiento académico.

Chadwick (1979) define el rendimiento académico como la expresión de capacidades y de características psicológicas del estudiante desarrolladas y actualizadas a través del proceso de enseñanza-aprendizaje que le posibilita obtener un nivel de funcionamiento y logros académicos a lo largo de un período o semestre, que se sintetiza en un calificativo final (cuantitativo en la mayoría de los casos) evaluador del nivel alcanzado.

Se entiendo entonces que el rendimiento académico es un indicador del nivel de aprendizaje alcanzado por el alumno, por ello, el sistema educativo brinda tanta importancia a dicho indicador. En tal sentido, el rendimiento académico se convierte en una "tabla imaginaria de medida" para el aprendizaje logrado en el aula, que constituye el objetivo central de la educación. Sin embargo, en el rendimiento académico, intervienen muchas otras variables externas al sujeto, como la calidad del maestro, el ambiente de clase, la familia, el programa educativo, etc., y variables psicológicas o internas, como la actitud hacia la asignatura, la inteligencia, la personalidad, el autoconcepto del alumno, la motivación, etc. Es pertinente dejar establecido que el aprovechamiento escolar no es sinónimo de rendimiento académico. El rendimiento académico o escolar parte del presupuesto de que el alumno es responsable de su rendimiento. En tanto que el aprovechamiento escolar está referido, más bien, al resultado del proceso enseñanza-aprendizaje, de cuyos niveles de eficiencia son responsables tanto el que enseña como el que aprende.

García y Palacios (1991), después de realizar un análisis comparativo de diversas definiciones del rendimiento escolar, concluyen que hay un doble punto de vista, estático y dinámico, que atañen al sujeto de la educación como ser social.

En general, el rendimiento escolar es caracterizado del siguiente modo: a) el rendimiento en su aspecto dinámico responde al proceso de aprendizaje, como tal está ligado a la capacidad y esfuerzo del alumno; b) en su aspecto estático comprende al producto del aprendizaje generado por el alumno y expresa una conducta de aprovechamiento; c) el rendimiento está ligado a medidas de calidad y a juicios de valoración; d) el rendimiento es un medio y no un fin en sí mismo; e) el rendimiento está relacionado a propósitos de carácter ético que incluye expectativas económicas, lo cual hace necesario un tipo de rendimiento en función al modelo social vigente.

El aprovechamiento académico es un constructo que integra los conceptos de calificaciones y notas. Ambos se han utilizado para referirse a símbolo numérico o alfabético, que se emplean para indicar la apreciación o el estimado que se hace de la calidad del trabajo o del aprovechamiento de un estudiante. Este aprovechamiento académico representa el índice académico que cada estudiante presenta en su historial académico completo (González Pérez, 1990). A través del proceso de adjudicar notas o calificaciones, las instituciones académicas evalúan y registran los cambios ocurridos en el aprendizaje de los estudiantes. Este proceso se utiliza para que los profesores y maestros provean retroalimentación a los estudiantes e informen a sus instituciones sobre el aprovechamiento o rendimiento académico de los estudiantes que están adscritos a esa comunidad educativa.

La persistencia o motivación de los estudiantes es un componente clave y está relacionado a las creencias de tener un alto rendimiento académico. Bandura (1977) Señala que las creencias de éxito influyen sobre el nivel de esfuerzo, persistencia y selección de actividades. Los estudiantes con un alto deseo de tener éxito para completar una tarea educativa participarán con mayor disposición, se esforzarán más y persistirán durante más tiempo que aquellos que dudan de sus capacidades ante las dificultades. Bandura ha propuesto que existen otras consideraciones sobre el esfuerzo empeñado durante una ejecución. Para Berry (1987)

DRA. MARÍA ESTHER BARRADAS ALARCÓN

que desear ser exitoso académicamente ayuda a memorizar y potencia la persistencia.

Zimmerman y Ringle (1981) usando problemas irresolubles, demostraron el efecto generalizado de las creencias de éxito sobre la persistencia no verbal que los jóvenes que habían visto un modelo pesimista, sino que también generalizaban sus creencias de éxito y motivación a diferentes problemas verbales.

El estado de ánimo es, asimismo, determinante, de manera que el estado de ánimo positivo fomenta la autoeficacia o creencia de tener éxito académico percibido e inversamente (Kanavagh y Bower, 1985). En consecuencia, mejorar el estado físico, reducir el estrés y las emociones negativas y corregir las falsas interpretaciones de los estados orgánicos puede mejorar las creencias de éxito en la escuela.

7.3 Cómo Identificar en el aula al estudiante con depresión.

Es importante señalar que solamente con la observación no es muy fácil identificar niveles de depresión moderada o leve, no es así si se tienen estudiantes con depresión severa, para identificar estos niveles de depresión con mayor precisión la sugerencia es evaluarla con diferentes instrumentos o test especiales para ello, así como con la entrevista clínica. A continuación se señala como observar o que preguntarle a un alumno que se sospeche deprimido:

  a. *Síntomas cognitivos.* Creen que han fracasado más que la mayoría de las personas. Creen que quizá estén siendo castigados. Manifiestan estar descontentos de sí mismos, continuamente se culpan por sus faltas y a veces piensan en suicidarse pero no lo harán, tomar decisiones resulta más difícil que antes y están preocupados porque parecen envejecidos y poco atractivos, notan cambios constantes en su aspecto físico y creen que tienen un aspecto horrible, les preocupa los problemas físicos como dolores, etc. y están tan preocupados por las enfermedades que son incapaces de pensar en otras cosas.

Además reportan que muy pocas veces tienen esperanza y confianza en el futuro y muy pocas veces encuentran fácil tomar decisiones. Así mismo, mencionan que muy pocas veces son útiles y necesarios.

b. *Síntomas conductuales.* Afirman no disfrutar de las cosas tanto como antes, lloran, afirmaron estar menos interesados por los demás que antes, han perdido gran parte del interés por los demás y han perdido todo el interés por los demás. De igual manera, les cuesta más esfuerzo de lo habitual empezar a hacer algo. Afirmaron que solo algunas veces hacen las cosas con la misma facilidad que antes, gran parte del tiempo y casi siempre se sienten agitados e intranquilos y no pueden estar quietos, algunas veces disfrutan las mismas cosas, casi siempre y gran parte del tiempo disfrutan ver, conversar y estar con hombres y mujeres y casi siempre tienen ganas de llorar y a veces lloran.

c. *Síntomas emocionales-afectivos.* Se sienten tristes continuamente y no pueden dejar de estarlo, se sienten desanimados de cara al futuro, se sienten culpables en la mayoría de las ocasiones y se sienten irritados continuamente. Afirman que gran parte del tiempo y casi siempre se sienten más irritables de lo usual y gran parte del tiempo se sienten tristes y deprimidos.

d. *Síntomas fisiológicos.* Se puede observar que algunos jóvenes no duermen tan bien, otros aluden que se despiertan 1-2 horas antes de lo habitual y les cuesta volverse a dormir, mientras que otros reportan despertarse varias horas antes de lo habitual y ya no poder volver a dormir, se cansan más que antes, tienen mucho menos apetito y no han perdido peso últimamente, otros han perdido más de cuatro kilos, mientras que otros han perdido más de siete kilos, y manifiestan que han perdido totalmente el interés sexual. Señalan que gran parte del tiempo y casi siempre se cansan más que antes, algunas veces por las mañanas se sienten mejor que en el resto del día y muy pocas veces refieren que por las mañanas se sienten mejor que en el resto del día. Casi siempre tienen problemas para dormir y algunas veces comen la cantidad usual. De igual manera, señalan que disfrutan ver, conversar y estar con mujeres / hombres. Casi siempre y gran parte del tiempo notan que están perdiendo peso, casi siempre reportan tener problemas de estreñimiento. Por último, los jóvenes aluden que algunas veces sus latidos del corazón son más rápidos de lo usual.

En resumen, al estudiante con depresión se le puede identificar observando su rostro, que refleja una franca tristeza, se le ve en su mirada, en su postura corporal, se observan desmotivados y desinteresados en clases, se les nota un desgano como aparte "flojera", apáticos, sin ganas de nada. Muchos de ellos pueden presentar trastornos de sueño como parte de la depresión y se les nota desvelado, ojeroso, como si tuvieran insomnio, o alguna otra alteración del sueño. Se quejan de sensación de fatiga o cansancio, o de sentirse enfermos, le resulta difícil tomar decisiones y disminuye su rendimiento académico, no cumpliendo en tiempo y forma con las tareas, saliendo con baja calificación en los exámenes, su arreglo personal se ve desaliñado o con menos esmeros que antes, se ven aislados, solos, mirando de lejos a sus compañeros o con una mirada "perdida", no les hace reír lo que a la mayorías de sus compañeros, se sabotean llegando muy tarde sin importarle que sus maestros no le dejen entrar a clases.

7.4 Sugerencia para ayudar a los estudiantes identificados con depresión.

Indispensable manifestar una actitud compasiva sin emitir juicios ni críticas.

Escuche reflexivamente: escuchar reflexivamente involucra oír los sentimientos y significados de la persona que habla. Refleje las palabras de quien habla y dígalas en sus propias palabras para asegurarle que fue entendida. Demuestre que entiende claramente el mensaje. A través del contacto visual, indicadores verbales ("ah", "continúe") y no verbales (asentir) de que se está escuchando.

Aclare ("ayúdeme a entender mejor", "¿puede explicarme a qué se refiere con?", etc.).

Identifique emociones ("parece que te estás sintiendo frustrado", etc.).

No trate de comprender de inmediato al joven – es probable que se equivoque.

Si no sabe de qué está hablando, pregunte.

Si no sabe la respuesta a una pregunta, admítalo y busque la respuesta.

Si no sabe que más decir canalícelo a alguna institución de salud.

O podría intentar ayudándolo a identificar los problemas más importantes que en el momento actual tiene.

Facilite el proceso que su estudiante pueda encontrar soluciones prácticas para sus problemas. A través de búsquedas de alternativas y toma de decisiones.

Importante sugerirle bibliografía sobre depresión: sus síntomas, causas y alternativas de solución.

Permita darle a su estudiante la seguridad que cuente con usted ante una urgencia ya sea por vía telefónica, correos electrónicos o mensajes de texto dentro de las horas de trabajo o fuera de horario de oficina o en caso de una emergencia.

Programe visitas breves cara a cara que no interfieran con el horario escolar (15-20 minutos).

De seguimiento y promueva las actividades para el bienestar (dormir, ejercicio, buena alimentación, etc.).

7.5 Otras Alternativas que puede sugerir el profesor a su estudiante con depresión.

Se ha comprobado a través de investigaciones neurobiológicas, que el modificar el entorno donde se encuentre la persona con depresión, puede influir y aún modificar las funciones mentales ligadas al estado de ánimo, ejemplos de ellos son: el sistema serotoninérgico, el sistema dopaminérgico, el factor neurotrópico (BDNF) y el sistema de endorfina.

Sugerencias al respecto:

Apoyo Social – Relacionarse con compañeros y familiares-para realizar primordialmente actividades placenteras (si es necesario faltar uno o dos días a clases o a trabajar.

Nutrición – Ingerir alimentos ricos en triptófano – como los chícharos –o serotonina – como el chocolate –La sugerencia es una dieta balanceada con nulo o poco alcohol y sin uso de drogas. Ciertas investigaciones sugieren la utilidad del omega 3 pero está aún no ha sido comprobada.

Ejercicio – se recomienda realizar al menos 30 minutos diarios de ejercicio de aeróbicos.

Luz Brillante – exposición a 2,000 lux en la mañana (entre 6 y 9 am.) y por la tarde (entre 6 y 9 pm.). Esto corresponde a 30 minutos de luz exterior disponible durante los meses de verano en lugar con pocos meses de sol brillante como Canadá, en invierno puede utilizarse una lámpara con los lux equivalentes.

5. Música y movimiento – se sugiere música y baile rítmico.

No se recomienda el uso de estos métodos como sustituto a la medicación o psicoterapia para tratar el TDM, sin embargo se sugiere incluirlos como parte de la estrategia terapéutica. Es muy importante desmotivar completamente al joven el escuchar música que no edifique "tenebrosa", así como el leer poesía o lecturas deprimentes o el pasar tiempo en la obscuridad.

7.5.1 Psicoterapia Interpersonal para la depresión

Este tipo de terapia percibe la depresión como una enfermedad asociada a una disfunción en las relaciones personales significativas.

• Las disfunciones que tiene en cuenta son:

1. Un duelo no resuelto. La asunción de una pérdida es un proceso difícil y doloroso y no siempre se realiza de forma adecuada.
2. Cuando los papeles en la relación no están bien establecidos, se dan disputas en los roles. Por ejemplo, las discusiones en la pareja sobre los papeles de cada cual, las discusiones entre padres e hijos, etc. Este problema persiste por falta de habilidades para conseguir lo que quiere y también porque se tienen expectativas que están lejos de la realidad de lo que se pueden conseguir.
3. Los problemas que surgen en las transiciones de un rol social a otro pueden estar en el origen de la depresión. Por ejemplo, cuando se cambia de situación en el trabajo tanto por una promoción como por pasar al paro o a la jubilación.

4. Otra disfunción que considera esta terapia es el déficit interpersonal de habilidades necesarias de comunicación que pueden llevar al aislamiento social.

Esta terapia, plantea que la activación conductual juega un papel importante para la superación de la depresión.

CAPÍTULO VIII

ESTUDIO EMPÍRICO: FACULTAD DE PSICOLOGÍA Y FACULTAD DE ENFERMERÍA DE UNIVERSIDAD VERACRUZANA

8.1 Construcción del Problema.

8.1.1 Tema.

Incidencia y nivel de depresión en estudiantes de la Facultad de Psicología y Enfermería de la U.V. región Veracruz.

8.1.2 Delimitación del Problema.

¿Cuál es la incidencia y nivel de depresión en los Estudiantes de la Facultad de Psicología y Enfermería de la U.V. Región Veracruz de nuevo ingreso generación 2009 a través del MMPI – A?

8.1.3 Planteamiento del Problema.

"La depresión es uno de los problemas psicológicos individuales que afectan nuestras actividades diarias ya que es un trastorno mental caracterizado por sentimientos de inutilidad, culpa, tristeza y desesperanza profunda" (Flores, Jiménez, Pérez, Ramírez y Vega, 2007, pág. 94).

Se cataloga a la depresión como uno de los problemas con un porcentaje muy alto que afecta a la población sin diferencia de género, edad y nivel socioeconómico.

Mendels (1989), menciona que la palabra depresión se emplea en diversos aspectos: para especificar el estado de ánimo, un síntoma, un síndrome como también para designar un grupo específico de enfermedades.

Pardo y Cols. (2004), señalan que en 1998 la Organización Mundial de la Salud estimo que para el año 2020 la depresión será uno de los trastornos más frecuentes en la población mundial, ocupando el segundo lugar entre las causas de carga de enfermedad. Ostrosky (2000), indica que particularmente en México, se calcula que entre el 6 y el 8 por ciento de la población general ha sufrido algún episodio de depresión". (Citado por Gonzales, De la Cruz y Martínez, 2007, pág. 199).

La incidencia de la depresión aumenta durante la adolescencia, justo después de que comienza la pubertad. Cerca del cuatro por ciento de los jóvenes se ven afectados con este problema.

En la Facultad de Psicología y de Enfermería de la Universidad Veracruzana Región Veracruz se pretende determinar cuál es la incidencia y el nivel de depresión que presentan los alumnos que recién ingresan a las carreras.

El objetivo en este estudio es crear una base de datos de la que se parta para que en investigaciones posteriores sean a nivel de intervención que beneficien a los estudiantes en cuanto al control de los estados de depresión.

8.1.4. Preguntas de Investigación.

¿Cuál es la Incidencia y nivel de Depresión presente en los Estudiantes de la Facultad de Psicología y Enfermería de la Universidad veracruzana Región Veracruz de nuevo ingreso a través del MMPI -A?

¿Existe una relación directa entre los niveles reportados a través de la Prueba MMPI -A con respecto a las carreras Enfermería y Psicología?

¿Existe diferencia en cuanto a los Índices y Niveles de Depresión en los estudiantes de las Facultades de Psicología y de enfermería Región Veracruz, de acuerdo al sexo?

8.1.5 Justificación.

Esta investigación se lleva a cabo para identificar la incidencia y nivel de depresión en los alumnos de la Facultad de Psicología y de Enfermería, generación 2009, Región Veracruz.

Sus aportes radican en contar con una base de datos para que a partir de ella se pueda partir y crear programas permanentes de apoyo a los estudiantes, con el objetivo de ofrecer una calidad de vida mejor durante su formación profesional.

8.1.6 Limitaciones.

Los resultados son solo representativos de estas dos carreras y de esta generación 2009.

8.2 Base Epistémica.

8.2.1 Objetivo General.

Identificar la incidencia y nivel de depresión con la que ingresan los estudiantes de las carreras de Psicología y de Enfermería de la U.V., región Veracruz.

8.2.1.1 Específicos.

- Comparar la incidencia de depresión entre los estudiantes de la carrera de Psicología y Enfermería.

DRA. MARÍA ESTHER BARRADAS ALARCÓN

- Determinar y comparar las diferencias de niveles de depresión que existen entre los estudiantes varones y mujeres en ambas carreras.

8.2.2. Variable.

Variable. Depresión:

Vallejo Nájera (1979) define a la Depresión como la aparición de trastornos que se agrupan en dos fundamentos: tristeza inmotivada y disminución de la actividad mental y actividad física.

Es considerada el resultado de la pérdida emocional o física que causa tristeza, perdida de interés, frustración y un agotamiento tanto físico como mental.

Los estudiantes que presentan depresión se encuentran en un estado pasivo y aislado motivo por el cual los alumnos postergan cualquier actividad que requiera concentración y dedicación.

Definición de la variable.- Incidencia de depresión.

Definición conceptual.- Incidencia: Número de casos con Depresión. El DSM IV ubica a la depresión dentro de los trastornos del estado de ánimo, cuya característica principal es la alteración del humor. La encontramos en dos categorías: como episodio y como trastorno.

Definición Operacional

Para este estudio se utilizó el Test Inventario multifásico de la personalidad Minnesota-A (MMPI-A), es una prueba de amplio espectro diseñada para evaluar un número importante de tipos de personalidad y de trastornos emocionales que se aplicó a los alumnos de la facultad de Psicología Región Veracruz.

Escala 2: (D): Implicaciones de las elevaciones en la escala

Nivel de Puntuación T	Posibilidades de Interpretación
Muy alto (76 o más)	Puede implicar que se trate de un sujeto retraído, abrumado por los problemas o desesperanzado. Puede indicar también sentimientos de culpa, devaluación e inadecuación. El sujeto puede además estar preocupado por la muerte y el suicidio. Se puede relacionar también con abatimiento y lentitud en el pensamiento y la acción
Alto (66 a 75)	Se puede presentar en personas retraídas, cautelosas y distantes de los demás. Puede indicar también tristeza, falta de energía, incapacidad para concentrarse, así como molestias físicas e insomnio. Puede implicar además de poca confianza en sí mismo, sentimientos de inadecuación y tendencia a autorreprocharse constantemente. El sujeto puede estar angustiado, además de sentirse miserable y desdichado.
Moderado (56 a 65)	Puede indicar que se trata de un sujeto inhibido, irritable, temido y deprimido. También puede manifestar desaliento, melancolía, infelicidad, así como insatisfacción consigo mismo o con el mundo. Puede ser además pesimista y preocupado en exceso. Puede presentarse en personas introvertidas y moralistas así como responsables y modestas
Medio (41 a 55)	Indica que se trata de una persona conforme consigo misma. Puede ser también un sujeto estable, equilibrado y realista.
Bajo (40 o menos)	Se puede presentar en una persona activa y entusiasta, así como alegre y optimista. Puede ser desinhibida y socialmente abierta Puede estar libre de problemas emocionales y mostrar confianza en sí mismo.

Fuentes: Hathaway, S.R., Mckinley J.C (1989). *Inventario Multifásico de la personalidad Minnesota -2*. México: Manual Moderno. p. 46

8.3 Metodología.

8.3.1 Orientación Metodológica y Tipo de Estudio.

La presente investigación lleva una metodología cuantitativa, puesto que se hace uso de métodos estadísticos, en donde el objetivo central es conocer la Incidencia y Nivel de Depresión en los Estudiantes de la Facultad de Psicología y de Enfermería.

De acuerdo a Hernández Sampieri et al., se denomina al estudio cuantitativo como un diseño que utiliza la recolección y el análisis de datos para contestar preguntas de investigación y probar hipótesis establecidas previamente y confía en la medición numérica, el conteo y frecuentemente en el uso de la estadística para establecer con exactitud patrones de comportamiento en una población. (Hernández Sampieri et al., 2010, p. 5).

8.3.2 Población.

Se trabajó con los alumnos de las Generaciones 2009; de la carrera de Psicología 82 estudiantes, de la carrera de Enfermería 73 estudiantes con un total de 155 estudiantes que recién ingresaban en el 2009 a la carrera, estudiantes que ingresan con un rango de edad entre 18 y 20 años. La mayoría vienen de una clase social media y todos provienen de bachilleratos públicos un porcentaje alto son estudiantes que vienen de otros lugares que colindan con la ciudad de Veracruz. En cuanto al sexo: los que ingresaron a Psicología 82 estudiantes, 27son hombres y 55 mujeres. Mientras que en Enfermería fue un total de 73 estudiantes, siendo 18 hombres y 55 mujeres. Con un Promedio de edad de = 19.71± 2.725, Mediana de 19.0., rango de 25 (25-42), IC 95%= 19.28- 20.14).

8.3.3 Instrumento de Acopio.

Se utilizó como instrumento de evaluación el Test Inventario multifásico de la personalidad Minnesota-A (MMPI-A).

Existe la Escala 2 (D: Depresión), esta escala se desarrolló en el trabajo con pacientes psiquiátricos que manifestaban varias formas de depresión sintomática, principalmente los que tenían reacciones depresivas o que pasaban por un episodio maniaco-depresivo. Los reactivos que conforman esta escala reflejan no solo los sentimientos de desesperanza, pesimismo y desesperación, sino también características básicas de personalidad de responsabilidad excesiva, normas personales estrictas y tendencias a sentirse frecuentemente culpables.

La escala original desarrollada por Hathaway y McKinley contenía 60 reactivos; en el MMPI-A se eliminaron tres reactivos por contenido cuestionable, dejando un total de 57 reactivos (Hathaway y McKinley, 1989, p 39).

Depresión (DEP): Las calificaciones altas en esta escala caracterizan a individuos con pensamientos depresivos significativos. Indican también sentimientos de tristezas, incertidumbre sobre el futuro y desinterés en la vida. Los sujetos con puntuaciones elevadas en esta escala probablemente están intranquilos, son infelices, lloran fácilmente y se sienten sin esperanzas y con una sensación de vacío interior. Pueden además presentar intentos de suicidio o deseos de estar muerto. Estas personas pueden también pensar que están condenados o que han cometido pecados imperdonables. No Ven en otras personas fuentes de apoyo (Hathaway y McKinley, 1989, p 58).

Esta prueba cuanta con 567 reactivos de los cuales 57 son específicamente para medir el trastorno depresivo.

En esta tabla se muestra cuales reactivos pertenecen a la escala de Depresión:

Depresión (57 reactivos)	
Verdadero	5, 15, 18, 31, 38, 39, 46, 56, 73, 92, 117, 127, 130, 146, 147, 170, 175, 181, 215, 233.
Falso	2, 9, 10, 20, 29, 33, 37, 43, 45, 48, 55, 68, 75, 76, 95, 109, 118, 134, 140, 141, 142, 143, 148, 165, 178, 188, 189, 212, 221, 223, 226, 238, 245, 248, 260, 267, 330.

Fuente: Propia.

Sin embargo, se presentan grupos de frases significativas:

Depresión y preocupación			
2F	75F	273V	454V
3F	130V	303V	
10F	150V	339V	
65V	165F	411V	
73V	180V	415V	

Fuente: Hathaway, S.R., Mckinley J.C (1989). *Inventario Multifásico de la personalidad Minnesota -2*. México: Manual Moderno. p. 138

8.3.4 Procedimiento.

Fase 1.- Se comenzó por la compilación de autores que trataran sobre el tema.

Fase 2.- Se delimitó la investigación y de acuerdo a eso se eligió la muestra.

Fase 3.- La muestra fueron los alumnos de la Facultad de Psicología.

Fase 4.- Se les avisó previamente a los estudiantes de Psicología.

Fase 5.- Se les aplicó la prueba dentro de su horario académico como actividad se distribuyó a cada uno de ellos el Test Inventario multifásico de la personalidad Minnesota-2 (MMPI-2) y posteriormente se les dio las indicaciones necesarias para poder contestar adecuadamente.

La prueba se administró a todos los estudiantes que asistieron a clase el día que se condujo ésta.

Fase 6.- Se procedió a la calificación e interpretarción de la prueba y al vaciado de datos.

Los materiales que se utilizaron son los siguientes:

- Cuestionarios de aplicación
- Hoja de respuestas
- Plantilla de calificación

8.4 Análisis de Datos y Resultados.

Tabla 1.

Frecuencia (%) de Depresión y sexo, con MMPI-A, en estudiantes del nuevo ingreso, Facultad de Psicología Generación 2009 N=82

Depresión	Hombre n (n=27)	%	Mujeres n (n=55)	%	P
Sin	24	34.8	45	65.2	0.624
Tendencia	1	16.7	5	83.3	
Con	2	28.6	5	71.4	

P>0.05 NS $X^2 = 0.886$

Tabla 2

Frecuencia (%) de Depresión y sexo, con MMPI-A, en estudiantes de nuevo ingreso, Facultad de Enfermería Generación 2009 N=73

	Hombre, Mujeres Depresión n (n=18) % n (n=55) % P				
Sin	14	23.0	47	77.0	0.477
Tendencia	2	25.0	6	75.0	
Con	2	50.0	2	50.0	

P>0.05 NS $X^2 = 1.47$

Datos similares se encontraron en Enfermería, con menos incidencia de depresión en mujeres comparado con Psicología.

Tabla 3

Frecuencia (%) de Depresión, con MMPI-A, en estudiantes del nuevo ingreso, facultades de Psicología y Enfermería Generación 2009. N=155

	Psicología Enfermería Depresión n (n=82) % n (n=73) % P				
Sin	69	53.1	61	46.9	0.584
Tendencia	6	42.9	8	57.1	
Con	7	63.6	4	36.4	

P>0.05 NS $X^2 = 1.077$

Si comparamos ambas carreras observamos que no son significativas las diferencias. Ver tabla 4.

Tabla 4

Frecuencia (%) de Depresión y sexo, con MMPI-A, en
estudiantes de nuevo ingreso, facultades de Psicología
y Enfermería Generación 2009. N=155

Facultad	Sexo	sin	%	tendencia	%	con	%	P
Psicología	hombres	24	88.9	1	3.7	2	7.4	0.642
	mujeres	45	81.8	5	9.1	5	9.1	
Enfermería	hombres	14	77.8	2	11.1	2	1.1	
	mujeres	4	85.5	6	10.9	2	3..6	

p>0.05 NS $X^2 = 0.886$

En esta tabla 4 podemos observar que en cuanto a sexo y carrera no es significativa la diferencia. Algo que es necesario mencionar es que el presente estudio no explora los posibles factores que desencadenaron la depresión en los estudiantes. Estos posibles factores solo se señalan como información teórica.

8.5 Conclusiones.

Los hallazgos confirmaron la presencia de depresión en los jóvenes estudiantes de ambas carreras. En la Facultad de Psicología se presentó un 7.4% de depresión en los hombres mientras que en las mujeres fue un 9.1% no siendo significativa la diferencia, de igual manera se presenta en ellas el mismo porcentaje de 9.1% a la tendencia de presentar en un futuro próximo depresión mientras que en los hombres fue el 3.7%. Algo interesante fue en Enfermería donde quienes presentaron mayor porcentaje de depresión fueron los hombres con un 11.1%, cifra igual para el rubro de tendencia a presentar depresión en un futuro. En cuanto a las mujeres con depresión se encontró solo un 3.6% y en el rubro de tendencia a padecerla el 10.9% un poco menor a comparación de los hombres. Aquí también no hubo diferencias significativas en hombre y mujeres con depresión ni con tendencia a padecerla. Cabe señalar que comparando las dos carreras y el sexo no se presentaron diferencias significativas. En otros estudios en la comunidad universitaria se ha encontrado que las situaciones estresantes diarias se asocian tanto a ansiedad como a depresión (Bethencourt, et al., 1997).

Otra causa que predispone a tener depresión en los estudiantes es el no vivir con la familia durante el curso o semestre lo que puede resultar ser un factor estresante asociado al riesgo de depresión (Makaremi, A. 2000). Se consideran también precedentes los largos desplazamientos diarios y las obligaciones extra-académicas, ya sean de tipo laboral o familiar. La aparición de trastornos depresivos suele ir acompañada de procesos de desadaptación al entorno más cercano, tanto en el ámbito laboral como familiar y escolar. En este sentido, los factores asociados al entorno pueden considerarse tanto factores predisponentes, como consecuencias para el individuo. Otras investigaciones realizados en población estudiantil, donde la percepción de un menor apoyo social como la prestación de un menor apoyo al requerimiento de éste por otros, influye en un peor estado de salud tanto física como mental (Jou, y Fukada, 2002).

Las aportaciones de otros estudios señalan también los problemas económicos, la necesidad de compaginar una actividad laboral simultáneamente a la actividad académica y las cargas familiares como factores asociados a la disminución del mantenimiento de la red social, la socialización y al deterioro de salud mental entre los estudiantes (Roberts et al., 1999). La Universidad constituye no solo un factor protector para los estudiantes dado que de ella obtiene los conocimientos, las habilidades, las actitudes, los hábitos y la formación de valores humanos que conforman su desarrollo integral. La Universidad establece una formación integral al estudiante y parte de la idea de formar de manera equilibrada, preparándole convenientemente para la vida.

La educación preventiva constituye un recurso fundamental para el docente, quien tiene la responsabilidad de informar acerca de los factores que podrían hacer al estudiante más vulnerable a tener depresión. O de detectar posibles estudiantes que manifiesten síntomas depresivos, para canalizarlos y puedan estos recibir la ayuda necesaria.

Según lo encontrado en esta investigación se llega a la conclusión de que efectivamente existe depresión en los estudiantes de ambas carreras y que aunque los porcentajes fueron menores comparados con los que salieron sin depresión es de suma importancia no solo tratar de erradicarla sino prevenirla.

- La depresión es un problema de salud que debe tratarse a tiempo, para que esta no llegue a consecuencias lamentables como: las adicciones o el suicidio.
- Se le ha considerado como la enfermedad del siglo y en algunos años se estima que va a ser la mayor causa de muerte (Estadísticas de la OMS).
- No siempre el estudiantes que vemos apático, desinteresado en clases, es porque es flojo, muchas veces, está cursando por un cuadro depresivo, donde nuestro juicio hacia él podría hundirlo más.
- La escuela tiene un papel esencial en el quehacer preventivo, ésta debe orientarse al fortalecimiento de factores protectores de la salud no solo física sino emocional e ir más allá, favoreciendo estilos de vida saludables en los estudiantes.
- Tenemos el compromiso de prepararnos el quehacer docente a través de tener una visión integral de esta noble labor.

Se espera que en nuevas investigaciones, se estructure y se realicen programas de Intervención que fomenten la prevención de los estados depresivos en los universitarios, lo que exige crear entornos educativos saludables, en la triple vertiente física, psicológica y social. Respaldando con ello el Programa Institucional de Universidad Saludable de la

DRA. MARÍA ESTHER BARRADAS ALARCÓN

Universidad Veracruzana. El fomento de la salud en la Universidad es tarea de todos: equipos de gobierno, profesores, alumnos y personal de administración y servicios.

De manera integral, una comunidad universitaria saludable, junto a las acciones encaminadas a garantizar la seguridad, debe comprometerse con el fortalecimiento de las habilidades personales, la mejora de las relaciones interhumanas y el cultivo de un buen estilo de vida, libre de amenazas psicosociales, por ejemplo, el aislamiento y la violencia, al igual que de riesgos somáticos, como los derivados de la mala alimentación, el sedentarismo o el consumo de tabaco, alcohol y otras drogas, en aras del bienestar integral. Independientemente de la carrera que se esté estudiando.

FUENTES

- Albano AM, Krain AL, Podniesinski E, Ditkowsky KS.

- Cognitive-behavior therapy with children and adolescents. In: Wright JH, editor. Cognitive

- American Psychiatric Association. *Manual diagnóstico y estadístico de los trastornos mentales. DSM-IV TR.* Barcelona: Masson. 2001

- Asociación Médica Mundial. Declaración de Helsinki (www.wma.net/e/policy/b3.htm. Fecha de acceso 18-07-2006).

- Argimón Pallás J, Jiménez Villa J. Inferencia causal. Métodos de investigación clínica y epidemiológica. Barcelona: Harcourt; 2000. p. 265-272. 2000.

- Arieti, S. y Bemporad, J. (1993). Psicoterapia de la depresión. México: Paidós.

- American Journal of geriatric Psychiatry. 1997. Estrogen replacement and response to fluoxetine in a multi-center geriatric depression trail.

- Aslund C, Nilsson KW, Starrin B, Sjoberg RL. Shaming experiences and the association between adolescent depression and psychosocial risk factors. Eur Child Adolesc Psychiatry. 2007;16(5):298-304.

- Asociación Americana de Psicología (1995). DSM IV Manual Diagnostico y estadístico de los Trastornos Mentales. Estados Unidos: Masson.

- Cameron, N. (1982). Desarrollo psicopatológico de la personalidad. (Un enfoque dinámico). México: Trillas.

- Calderón, G. (1990). Depresión, causas, manifestaciones y tratamiento. México: Trillas.

- CONADIC Encuesta de Consumo de Drogas en Estudiantes. 2007. (Fecha de acceso el 14 de septiembre del 2008) en http://www.conadic.gob.mx/

- Baldomero E. B. Perfil sintomático de los pacientes con depresión tratados en atención primaria: un estudio epidemiológico. Revista de Psiquiatría Biológica. Vol. 14, No 2. 2007, pp47-52.

- Barber, P., Bridge, J., Birmaher, B., Kolko, D., Brent, D.A.; "Suicidality and its relationship to treatment outcome in depressed adolescents"; Suic Life Threat Behav; 2004; Volumen 34; 44-55

- Bhatia SK, Bhatia SC. Childhood and adolescent depression. American Family Physician. 2007;75(1):74-80.

- Bragado C, Bersabé R, Carrasco I. Factores de riesgo para lso trastornos conductuales, de ansiedad, depresivos y de eliminación en niños y adolescentes. Psicothema. 1999;11(4):939-56.

- Barradas A. Alcoholismo y sentido de vida en estudiantes. Revista Impulso Tecnológico, 2008; Volumen No. 37, enero-marzo pp. 12-21. 2008.

- Barradas A. Nivel de estrés como factor asociado a la depresión en estudiantes. Revista Impulso Tecnológico, 2008; Volumen No. 37, enero-marzo pp. 3-11. 2008.

- Barradas A. Alcohol y Tabaco en Estudiantes de Nivel Superior, (en línea) Congreso.AcademiaJournal.com. 2009 (Fecha de acceso 28 de junio

DRA. MARÍA ESTHER BARRADAS ALARCÓN

2010); Volumen VI primera parte, 2(8): Disponible en http://congreso. academiajournals.com/downloads/Vol%20VI%20Salud%20A.pdf

- Barradas A. Depresión y Consumo de Alcohol en Estudiantes del ITV, (en línea) Congreso.AcademiaJournal.com. 2010 (Fecha de acceso: 29 de abril 2011); Volumen VII, 3(9) Disponible en http://chiapas. academiajournals. com/downloads/CHIS%20SALUD.pdf.pdf

- Barradas Alarcón M.E., (2013) Actitudes hacia las personas con discapacidad, Alemania. Editorial Académica Española.

- Beck AT, Rush A. Cognitive therapy of depression. New York: Guilford Press;1979.behaviour therapy: review of psychiatry series: volume 23. Washington DC: American Psychiatric Publishing. 2004:123-50.

- Buelow, G., Range, L.M.; "No-suicide contracts among college students"; Death Stud; 2001; Volumen 25; 583-592.

- Butcher, James N., Williams, Carolyn L., Graham, John R., Archer, Robert P., Tellegen, Auke, Ben-Porath, Yossef S., and Kaemmer, Beverly. MMPI-A Inventario Multifásico de la personalidad Minnesota para adolescents, estandarizado en México, México editorial Manual Moderno.

- Dopheide JA. Recognizing and treating depression in children and adolescents. Am J Health Syst Pharm. 2006;63(3):233-43.

- Escriba Q., Maestre, C. Amores, P., Pastor, A., Millares, E., Escobara, F., 2005, Prevalencia de depresión en adolescentes, Actas Españolas de Psiquiatría, España.

- Escriba R. 2005, Prevalencia de depresión en adolescentes, EBSCO, Madrid España.

- Fadiman, j. y Frager, R. (1999). Teorías de la personalidad. México: Oxford.

- Ferro, T., Carlson, G.A., Grayson, P., Klein, D.; "Depressive disorders: Distinctions in children"; J Am Acad Child Adolesc Psychiatry; 1994; Volumen 33; 664-670.

- Freud, S. (1917). "Duelo y melancolía", Obras Completas, Tomo XIV, Amorrortu Editores, Buenos Aires.

- Garber J. Depression in Children and Adolescents. Linking Risk Research and Prevention. Am J Prev Med. 2006; 31(6 Suppl 1):104-25.

- Grupo de Trabajo sobre el Manejo de la Depresión Mayor en el Adulto. Guía de Práctica Clínica sobre el Manejo de la Depresión Mayor en el Adulto Madrid: Plan Nacional para el SNS del MSC. Santiago de Compostela: Axencia de Avaliación de Tecnoloxías Sanitarias de Galicia (avalia-t); 2008. Informe Nº. avalia-t 2006/06.

- Haavisto A, Sourander A, Multimaki P, Parkkola K, Santalahti P, Helenius H, et al. Factors associated with depressive symptoms among 18-year-old boys: a prospective 10-year follow-up study. J Affect Disord. 2004;83(2-3):143-54.

- Hernández R, Fernández C, Baptista P, Metodología de la investigación. 3ª Edición México: Mc Graw-Hill; 2010.

- Instituto Nacional de Estadística e Informática. XII Censo General de Población y Vivienda 2000, México, D.F.: INEGI; 2002.

- Richardson LP, Katzenellenbogen R. Childhood and adolescent depression: The role of primary care providers in diagnosis and treatment. Curr Probl Pediatr Adolesc Health Care. 2005; 35(1):6-24.

- Secretaría de Salud. *Programa de Acción: Adicciones Tabaco.* 2001. (Fecha de acceso febrero 17 2006), disponible en: http://colegio.uach.mx/publica/tabaquismo.pdf.

DRA. MARÍA ESTHER BARRADAS ALARCÓN

- Kandel DB, Davis M. Adult sequelae of adolescent depressive symptoms. Arch Gen Psychiatry 1986; 43:255-262.

- Manelic, R.; Ortega, H. La depresión en los estudiantes universitarios de la Escuela Nacional de Estudios Profesionales Plantel Aragón, en *Salud Ment*; 1995, 18(2); 31- 34.

- Mackinnon A. y Robert, M. (1973). Psiquiatría Clínica aplicada. México: Interamericana.

- Medina-Mora ME, Borges G, Lara C, Benjet C, Blanco J, Fleiz C *et al.* Prevalencia de trastornos mentales y uso de servicios: Resultados de la Encuesta Nacional de Epidemiología Psiquiátrica en México. Salud Mental; 26:1-16.

- Mejía, C., Gutiérrez, S. y Perea, E. (2011). Asociación entre depresión y bajo rendimiento académico en estudiantes universitarios. *Psicogente,* 14(25), 67-75.

- National Collaborating Centre for Mental Health. Depression in Children and Young People. Identification and management in primary, community and secondary care [Internet]. London: National Insitute for Health and Clinical Excellence; 2005 [citado 8 ene 2008]. Disponible en: http://www.nice.org.uk/ nicemedia/pdf/cg028fullguideline.pdf

- Secretaria de Salud, Consejo Nacional contra las Adicciones, Instituto Nacional de Psiquiatría Ramón de la Fuente Muñiz, Dirección General de Epidemiologia, Instituto Nacional Estadística, Geografía e Informática. Cuarta Encuesta Nacional de Adicciones. México: SS, 2002.

- Instituto Nacional de Estadística, Geografía e Informática. XII Censo General de Población y Vivienda 2000. México, DF: INEGI; 2002.

- Rice F, Harold GT, Thapar A. The Link between depression in mothers and offspring: an extended twin analysis. Behav Genet. 2005 Sep; 35(5):565-77.

- Secretaria de Salud, Consejo Nacional contra las Adicciones, Instituto Nacional de Psiquiatría Ramón de la Fuente Muñiz, Dirección General de Epidemiologia, Instituto Nacional Estadística, Geografía e Informática. Quinta Encuesta Nacional de Adicciones. México: SS, 2008.

- Secretaria de Salud, Consejo Nacional contra las Adicciones, Instituto Nacional de Psiquiatría Ramón de la Fuente Muñiz, Dirección General de Epidemiologia, Instituto Nacional Estadística, Geografía e Informática. Quinta Encuesta Nacional de Adicciones. México: SS, 2008. Resultados por entidad federativa, Veracruz.

- Spielberger C. D. IDER. Inventario de depresión estado-rasgo.Madrid: TEA Ediciones. 2008.

- Torgersen S. Genetic epidemiology of major depression. Actas Esp Psiquiatr. ic 2008; 36(Suppl. 1):25-7.

- Verdeli H, Mufson L, Lee L, Keith JA. Review of Evidence-Based Psychoterapies for Pediatric Mood and Anxiety Disorders. Current Psychiatry Reviews. 2006; 2(3):395-421.

- Zuckerbrot RA, Cheung AH, Jensen PS, Stein RE, Laraque D. Guidelines for Adolescent Depression in Primary Care (GLAD-PC): I. Identification, assessment, and initial management. Pediatrics. 2007 Nov; 120(5):e1299-312.

DRA. MARÍA ESTHER BARRADAS ALARCÓN

GLOSARIO

➤ **Asertividad:** Es una forma de expresión consciente, congruente, clara, directa y equilibrada, cuya finalidad es comunicar nuestras ideas y sentimientos o defender nuestros legítimos derechos sin la intención de herir o perjudicar, actuando desde un estado interior de autoconfianza, en lugar de la emocionalidad limitante típica de la ansiedad, la culpa o la rabia.

➤ **Ansiedad rasgo:** Considera la ansiedad como una característica de la personalidad, con raíces temperamentales, relativamente fija y estable a lo largo del tiempo, que se manifiesta en varios grados según las diferentes circunstancias y situaciones, sin necesidad de acontecimientos concretos que la provoquen.

➤ **Ansiedad estado:** Es un estado general transitorio, asociado con un estímulo identificable, es decir, con una situación o acontecimiento concreto.

➤ **Aerofagia:** Puede ser definida como la deglución excesiva de aire.

➤ **Agitación:** Es un estado desagradable de activación cerebral (emoción o excitación) extrema, aumento de la tensión e irritabilidad.

➤ **Depresión endógena:** se basa de manera exclusiva en factores orgánicos, presumiblemente hereditarios, que se manifiestan mediante alteraciones bioquímicas del organismo.

➤ **Depresión reactiva:** Es aquella que se produce como respuesta a un acontecimiento negativo de la vida del sujeto.

➤ **Despersonalización:** Es una alteración de la percepción o la experiencia de uno mismo de tal manera que uno se siente "separado" de los procesos mentales o cuerpo, como si uno fuese un observador externo a los mismos.

➤ **Dispepsia:** Dispepsia es un dolor o una sensación desagradable en la parte media superior del estómago. El dolor puede aparecer y desaparecer, pero la mayoría del tiempo está presente.

➤ **Estupor:** Disminución de la actividad de las funciones intelectuales, acompañado de cierto aire de o aspecto de asombro o de indiferencia.

➤ **Electro dérmico:** Relativo a las propiedades eléctricas, en particular la modificación de la resistencia.

➤ **Hipersomnia:** Es un trastorno intrínseco del sueño. Cursa con somnolencia excesiva; episodios prolongados de sueño nocturno y episodios de sueño diurno que se producen cada día durante al menos 1 mes con deterioro funcional significativo, en ausencia de insomnio u otro trastorno psíquico o mental y que no es efecto del uso de sustancias o fármacos.

➤ **Intrapsíquico:** Se refiere a lo que se origina, tiene lugar o está ubicado dentro de la psique o mente.

➤ **Meteorismo:** Es un exceso de gases en el intestino que causa espasmos intestinales y distensión abdominal (se hincha el abdomen).

➤ **Neurovegetativos:** Se aplica a la parte del sistema nervioso que regula las funciones de nutrición, desarrollo y reproducción.

➤ **Ostensible:** Que puede manifestarse o mostrarse.

➤ **Trastorno ciclotímico:** Es una alteración del estado de ánimo crónica y con fluctuaciones que comprende numerosos períodos de síntomas hipomaníacos y numerosos períodos de síntomas depresivos.

DRA. MARÍA ESTHER BARRADAS ALARCÓN

ANEXO

- **DIRECTORIO DONDE SE PUEDE CANALIZAR ESTUDIANTES CON DEPRESIÓN SEVERA EN EL PUERTO DE VERACRUZ, MÉXICO.**

- **Centro de Estudios y Servicios en Salud de la Universidad Veracruzana** (**C.E.S.S. U.V**) (22907), **Dirección**: Carmen Serdán s/n Esq. F.J. Mina, Veracruz, Ver., C.P., México Teléfonos: +52 (2299324978) Conmutador 2297752000 FAX. 2299324978.

- **DIF municipal de Veracruz**.- Av. Matamoros s/n entre Palacios y Bustamante. Col. Los Pinos, Veracruz, Ver. C.P. 91870 Tels. 01 (229) 2001000.

- **Instituto Mexicano del Seguro Social IMSS.** Hospital H. G. P. No.71 CMN Veracruz 2n Pról. Díaz Mirón S/N., Esq. Cedros, Fracc. Virginia, 91980 Veracruz, Ver. Esq. Cedros (2299) 22-26-46 Fax 22-41-26.

- **Instituto Mexicano del Seguro Social IMSS.** Hospital 3N HES 4 CMN Veracruz Av. Cuauhtémoc, Esq. Cervantes Y Padilla S/N Col. Formando Hogar C.P. 91810, Veracruz, Veracruz Norte Dr. Arturo Navarrete Escobar 229 9-34-20-31.

- **Instituto Mexicano del Seguro Social IMSS.** Hospital General de Zona/ Regional HGZ 71 Veracruz Prolongación Díaz Mirón S/N Esq. Cedro Col. Floresta, C.P. 91940, Veracruz, Veracruz Norte Dr. Ofir Rodríguez Quéchol 229 9-22-26-46.

- **Hospital General:** 20 de noviembre 1074 Tel.: +52 (229) 932 27 05.

- **Cruz Roja:** Díaz Mirón 165 Tel.: (2)937 55 00.

- **San Francisco:** José Martí 544 Tel.: (2)937 57 44.

- **San Luis:** Cristóbal Colón 540 Tel.: (2)938 28 68.

- **Hospital D'María** Alació Pérez 1004 Col. Zaragoza Veracruz, Ver. 91910 Tel.: (229) 931-3626, 932-2124, Fax: 932-8674 email:<u>hdmaria@ ver. megared.net.mx.</u>